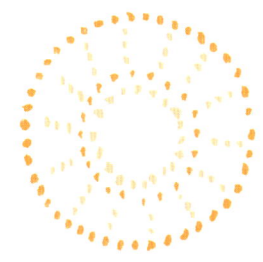

ディズニーランドであった心温まる物語

香取貴信［監修］　東京ディズニーランド卒業生有志［著］

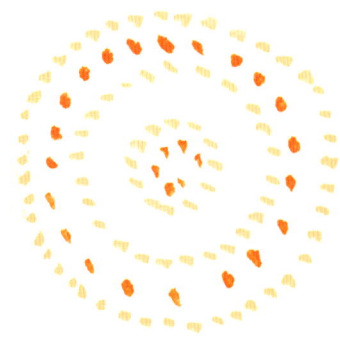

あさ出版

『人は誰でも世界中で最も素晴らしい場所を
夢に見、創造し、デザインし、建設することはできる。
しかしその夢を現実のものとするのは人である』

By ウォルト・ディズニー

"You can dream, create, design, and build the most wonderful place in the world…
but it requires people to make the dream a reality."
Walt Disney

はじめに

夢と魔法の王国、東京ディズニーランド。

ここは、訪れた人たちがゲートをくぐった瞬間から、魔法にかかったように笑顔で楽しい一日を過ごせる場所です。

しかし、それはゲスト（お客様）だけではなく、私たちキャスト（従業員）にとっても同じでした。

あの場所を卒業してもう何年にもなりますが、私にとってあの場所で働いた経験は、今でも忘れられない宝物のような思い出です。

働いている従業員の九割がアルバイト。

しかも時給だって高くはないし、働くうえでのルールにはメチャメチャ厳しい場所。

それでも、自分が初めて働いた場所が、ディズニーランドで本当によかったなぁって思います。

仕事をしていた当時は、思い通りにならないことや、うまくいかないことがあったりして、自分の仕事に文句を言っていたこともあります。

でも、今こうして振り返ると、頭に浮かぶのは、どれもよい思い出ばかりなんです。

これは決して大げさでもなく、同じように働いていたことのある卒業生たちも、「ホントにそうだよね。楽しかったもんねぇ～」と、みんなが口をそろえてうれしそうに話します。

なぜ、私と同じようにディズニーの卒業生たちは、今もあの場所のことをよく思っているのか？

きっとそこには、その人なりの忘れられない、とっておきのエピソードがあったんじゃないかと思います。

これから始まる26の物語は、僕と同じようにあの場所で働いたことのある卒業生たちが、実際に体験したものです。

ゲストとの触れ合い、
ディズニースピリットをもった仲間との出逢い、
ゲストとして訪れた時に体験したディズニーマジックなど、
人と人とが出逢ったことで生まれたハートフルエピソードをご紹介しています。
エピソードを通して、皆さんの心が少しでも温かくなってくれたらうれしいです。

二〇一三年三月

東京ディズニーランド卒業生有志　代表
香取　貴信

Story
01

ボロボロのガイドマップ

夏休み初日。

雲ひとつない青空の下、その日、早朝の出勤が初めてだった私は、ディズニーランド行きのバス乗り場に並んでいました。

今でこそJR舞浜駅がありますが、この時はまだ地下鉄の浦安駅がディズニーランドの最寄り駅。そこからはバスでの通勤となるのです。

周りを見渡すと、夏休み初日ということもあり、大勢の家族連れで賑《にぎ》わっています。

隣に並んでいるお父さんは、家族の荷物がたくさん入ったバックを肩にかけ、額《ひたい》には大粒の汗をかきながら、お母さんが抱っこしている、まだ眠そうな小さなお子さんを団扇《うちわ》であおいでいました。

聞こえてくる会話によると、どうやら他県から来ているようです。

時計を見るとまだ七時過ぎ……。この家族が家を出た時は、まだ日が昇る前だったのかもしれません。

反対側に目をやると、幼稚園生ぐらいの女の子が、ヨレヨレの紙を広げています。よく見るとそれはディズニーランドのガイドマップでした。

すでにはしっこは破れていてボロボロでしたが、一向にかまわない様子でそこに載っている地図を指でなぞりながら、お母さんと楽しそうに話しています。

きっと、今日まで何度もガイドマップを開いては、夢を膨《ふく》らませていたのでしょう。そんな光景を目にしたり、期待に胸を膨らませ楽しそうに話す声を聞いたりするのは、初めてでした。


そうこうしているうちに私たちの乗るバスが到着しました。

これでもかというほど、たくさんの人が乗り込み、車内は寿司詰め状態に。いつもなら我先にと席に座る私でしたが、その日ばかりはとてもそんなことはできません。ほんのちょっとでも、あのお父さんやお母さんのような人に休んでもらおうと、バスの奥のほうで立つことにしました。

私の目の前の席には、先ほどのボロボロのガイドマップを持った女の子とお母さんが座っています。

車内のあちこちで、子どもたちがこれから向かうディズニーランドのことを、元気よく弾んだ声で話しています。一方、立っている大人たちは窮屈《きゅうくつ》な車内で、どこかイライラが募っているようです。

バスに揺られしばらくすると、見慣れた街並みが目に飛び込んできました。「そろそろ着くかな」と思った瞬間、目の前に座っていた女の子が椅子に立ちあがって叫びました!!

「見てぇ!! お城ぉぉぉぉ!! ママ、お城だよ!!」

その声に反応して、みんなが一斉に女の子が見ている窓のほうを向きました。

そして次々に、喜びの声が。

「ほんとだぁ、シンデレラ城だよ」
「やったー、着いた! ディズニーランド!!」
「パパ、見てぇ〜」

車内の雰囲気は一転。

まだディズニーランドに着いたわけでもなく、ただバスから微《かす》かにシンデレラ城のてっぺんが見えた、それだけなのに、車内には楽しそうな声が飛び交い、子どもたち、そしてイライラ顔だった大人たちも、皆が笑顔になっていたのです。

まさに、魔法!! ひとつの夢がかなった瞬間でした。

数分後、パークの入り口に到着したバスの扉が開くと、ゲストたちは足取りも軽くエントランスに消えていきました。

私の前に座っていたあの女の子も、お母さんと手をつなぎ、反対の手にはバスの中でも何回も広げていた、あのボロボロのガイドマップを握りしめ、うれしそうにエントランスへ歩いていきました。

偶然にも、来園されるゲストの方々と一緒のバスに乗ったことで、ディズニーランドを訪れる日のことをどれだけ楽しみにして、足を運んでくれているのかがわかりました。

「毎日が初演」

ディズニーランドのキャストとなって最初に教わった言葉です。

私たちにとっては毎日のことでも、ゲストにとっては初めての体験かもしれない。

初舞台のあの新鮮さを忘れないように、という意味が心から理解できたそんな出来事でした。

ｂｙ元アトラクションキャスト

Story
02

もしもし、ミッキー?

「ちょっと待ってろよ‼　今、ミッキーに電話してやっから‼」

そう、ぶっきらぼうに言ったのは、私の同期のヒロシくんでした。

私とヒロシくんは、当時カストーディアルという清掃の仕事を担当していました。ヒロシくんは私より年下で高校卒業後に入社してきました。ディズニーランドという場所にはちょっと似合わないような、クールで、誰かとつるむことのない一匹オオカミ。それでも時折見せる熱さがとても魅力的な男でした。

そんな彼と一緒に毎朝、暗いうちからパークの駐車場エリアの清掃作業をすることになったのは、夏休みが始まる直前のことです。

その日は夏休み最初の週末ということもあり、まだ夜が明けたばかりにもかかわらず、駐車場ゲートの前には、入園を待つゲストの車がずらっと並んでいました。

車の中が飽きたのでしょう。車から二人の子どもたちが降りてきて、通路で遊び始めました。あまりにも楽しそうなので、できれば遊ばせてあげたいのですが、周りにあるのは車。

「子どもたちに車の中に戻ってもらわないとなぁ」と考えたときでした。一緒に掃除をしていたヒロシくんが子どもたちのほうへ向かって行くのが見えたのです。

いつもクールで無口な彼は、接客が得意なほうでもないし、ましてや子どもたちにやさしく対応できるか見たことがなかったので、いざとなったら代わってあげないと、私も彼を追っかけて行きました。

「おはよう」

「……」

「お・は・よ・う」

「……おはよう……」

「やればできるじゃん。君たちは小学生？」

「うん、兄ちゃんが三年生で、僕は一年生」

「おう、そうか。もうすぐここのゲートが開くから、車に乗っててくれねぇかな？」

「え〜、もうすぐって何時？」

「まぁ……、もうすぐはもうすぐだよ」

「そんなんじゃ、わかんないよ」

「いや、だからさ、ここのゲートが開いたら、車がブーンと来て引かれちゃうぞってこと。そしたら、二人ともぺったんこだぞ」

「あははっ、ぺったんこぉ（笑）」

「兄ちゃんなんて誕生日なのにぺったんこだよ」

「えっ、今日はお兄ちゃんの誕生日なのか？」

「うん、だから僕たち、ここに連れて来てもらったの」

「そうか……。よし、ちょっと付いて来いよ!!」


ヒロシくんはそう言うと、二人を連れてゲートへ。

「お兄さん、何すんの？」

「ちょっと待ってろよ!!　今、ミッキーに電話してやっから!!」

「えっ、ホント!?」

（ミッキーに電話するって、どこにかけんだよ!?）

予想外の彼の言葉に驚きつつ様子を見ていると、ゲートの中にある内線電話の受話器をとり、話し始めました。

「あぁ、もしもし、ミッキー？

俺だけどさぁ、今日ね、誕生日の男の子が来てんだよ。うん、うん、九歳の誕生日。でさぁ、今日この少年と会ったら、握手してあげてほしいんだよ。いい？　名前はねぇ……」

ビックリです。

彼の完ぺきな演技に感心しすぎて、そして電話の相手先のことを考えると、笑ってしまいそうになりました。

あの様子だと、彼が内線電話をかけたのは、私たちの事務所のはずです。

おそらく電話に出たのは、今朝のシフトに入っているメンバー。誰かはわかりませんが、「あぁ、もしもし、ミッキー？」なんて電話に驚かないはずがありません。

きっと何がなんだかわからないまま、話を聞いていたことでしょう。

電話を切った彼は、満足気な様子で子どもたちにこう言いました。

「これでよ～し。今日ミッキーに会ったら、ちゃんと自分の名前を言うんだぞ。そしたらきっと握手してくれっからよ。まぁ、ミッキーも忙しいけど、いろいろな所に出てくるから、しっかり見つけるんだぞ‼」

「うわぁ、すげぇ。ありがとう‼」

「よし、じゃあもうすぐゲートが開くから、車に戻ろうな‼」

「うん！」

三人はお互いの顔を見合わせてニコニコしながら、手をつないで車に向かって歩いて行ったのでした。

その後、事務所に戻った彼が問い詰められたのは言うまでもありません（笑）。

決して器用ではなかったけれど、彼ならではのディズニーマジックを演出する、その姿がカッコよく見えた瞬間でした。

by 元カストーディアルキャスト

Story
03

勇者になったおばあちゃん

ディズニーランドで仕事をする最後の日。

シンデレラ城ミステリーツアー（現在は終了しています）が、私の最後の担当アトラクションでした。

ディズニーの悪者たちに乗っ取られてしまったシンデレラ城を取り戻すため、ゲスト数人でグループ（ツアー）になってガイド役の私たちキャストと一緒にお城の中に入り、悪の大王ホーンド・キングと戦う参加型のアトラクションです。

クライマックスでは、光の剣を使って、お城を乗っ取った悪の大王を倒します。

その光の剣は、勇気と善意と純粋な心の持ち主が握ると光が宿り、悪者をやっつけることができる。そんなストーリーです。


その日もいつものようにみんなで冒険してきました。あとは、クライマックスで光の剣を持って一緒に戦ってくれる人を探すのみ。

「光の剣はきっと次の部屋にあります。

勇気と、善意と、純粋な心のある人なら、その光の剣を使えるはずです。

どなたかいらっしゃいませんか？　誰か力を貸してください⁉」

いつもなら「ハイッ」と誰かが手を挙げてくれるのですが、今日はどなたもいらっしゃいません。

うわぁ。どうしよう……。早く選ばないと時間が過ぎてしまい、クライマックスで助けてくれる人がいないままになってしまう……、と思いながら、ゲストを見渡すと、端《はし》っこのほうでおばあちゃんとお孫さんがモゾモゾ。どうやら、お孫さんが「おばあちゃんやってよ」と促《うなが》しているようです。

ならば、ここはおばあちゃんに戦っていただこう‼と思い、すかさずそばに寄り、尋ねることにしました。

「あなた‼勇敢そうですね。どうかヒロインになって戦ってくれませんか?」

「え……、私がですか……」

驚かれたのでしょう。戸惑いの表情を浮かべられています。

「はい! 悪者を倒せるのは、純粋な心と勇気と善意のある人だけです。お願いできませんか?」

するとお孫さんも、おばあちゃんの腕を振りながら応援を始めました。

「そうだよ、おばあちゃんならできるよ！」

それを見ていた周りの人たちも、

「おばあちゃん、がんばって!!」

「応援してるよ!!」

「シンデレラ城を守って!!」

と声援を送ってくれました。

参加者のみなさんが一つになったのです。

「みなさんからの応援があれば、勇気百倍ですよね。一緒に頑張りましょう!!」

「……はい」

おばあちゃんは、みんなからの声援を背に、勇気を出してくださり、無事に光の剣を手にしてシンデレラ城を守ることに成功したのでした。

ツアーが終わり、みなさんをお城の外にお見送りしていると、参加者の方が口々に
「ガイドさん、ありがとう。とっても楽しかった！」と言ってくださいました。
「幸せな思い出ができました。本当にありがとうございます」

剣を持って戦ってくださったおばあちゃんがうれしそうに言ってくださったこの言葉に、ディズニーのキャストをやってきて本当によかったと、心から思いました。

そして充実した気持ちで最後の勤務を終え、帰路につくことができたのです。

翌日、後輩のキャストから連絡がありました。

私が帰ったあと、あのおばあちゃんとお孫さんが、再度シンデレラ城を訪ねて来てくださったそうです。

「今までも何度かディズニーランドには来ています。

ミステリーツアーに参加したこともありますが、同じツアーのみなさんから応援されたり、一緒に喜びあったりするような、こんなに素晴らしいツアーは経験したことがありませんでした。

あのガイドのお姉さんにもう一度そのことを伝えたくて……。

どうぞ彼女に心からのお礼を伝えてください。感動的な時間をありがとう、と」

涙が止まりませんでした。

残念ながら、私はもうディズニーのキャストではないけれど、ディズニーで習ったことを大切に、日常に活かしていければ、家族や周りの人々を応援したり、勇気をプレゼントしたりすることはできるかもしれない。

最後のミステリーツアーの勇者は、私にも勇気をくれたのでした。

by　元アトラクションキャスト

Story
04

迷子のお父さん

パークでの思い出は語りつくせないほどたくさんありますが、その中でもある姉妹との旅は、今でも印象深く残っています。

イッツ・ア・スモールワールドは、その日も多くのゲストで賑わっていました。こうして混雑しているときは、迷子に要注意です。

アトラクションやレストランでは一緒だったのに、パレードやステージショーに夢中になっているうちに、気がついたらお父さん、お母さんが見当たらない……。なんて、ケースは数えきれないほど。

そんな時のために、「迷子センター」もあるのですが、私たちキャストは、迷子になった子どもたちを保護した場合、すぐに迷子センターへ行くことはありません。まずは、手をつないで一緒に周囲を探します。

キャストと子どもが一緒に手をつないでいる姿は、雑踏の中でも目立ちますし、自分の子どもが迷子になったことに気づいたお父さん、お母さんは、必ず最初に周囲を探すので、入れ違いにならないよう配慮しているのです。

「パパーっ‼　パパーっ‼」

パークの中を歩いていると、遠くから声が聞こえてきました。

不安そうな声の様子から、ただパパを呼んでいるのではなく、明らかにパパを探している声だとわかります。

「こんにちは〜。あれ、お嬢ちゃんたち、お父さんを探しているの？」

「パパーっ‼　パパーっ‼」

身長が高い私は、幼い女の子からすれば〝コワイおじさん〟。まずはコミュニケーションを取りやすいように、膝《ひざ》を折って、目線を合わせて会話をしてみます。

「どおしたの〜？　大丈夫？　おじちゃんも一緒にパパのこと探してあげるよ‼

そうだ、お嬢ちゃんのお名前はなんていうの〜？」

「ユイ……」

「そっか、ユイちゃんね、じゃあ、隣にいるお嬢ちゃんは……？」

「ユキちゃん……。三歳……」

「おぉ、妹のことも言えるんだね、えらいね～。お姉ちゃんのユイちゃんは何歳？」

「五歳……です」

「ユイちゃん、ユキちゃん。よろしくね。僕はマチマルさんです」


自己紹介をして握手をしたら、二人が離れないようにそのまま手をつなぎます。


「ねえ、ユイちゃん、パパはどんな服を着ていたかな～？」

「う～ん。白い服」

「そっかあ、今度はユキちゃんに質問～、パパはメガネかけてる？」

「かけてるぅ」


常に名前を呼びかけながら、質問形式でコミュニケーションをとっていきます。


「そっか～。じゃあ、ユキちゃん、今日はどっから来たの～？」

「おウチから～」

「そうだよね、おウチだよね～（苦笑）。じゃあユイちゃん、今日は何に乗ったの～？」

「スモールワールド～!!」

「スモールワールドかぁ。ここね、マチマルおじちゃん家《ち》なんだ。いいでしょ～」

「えぇー!?　おじちゃん家、スモールワールドなのぉ!?」

「そうだよ、ここに住んでるから何でも知ってるんだ。パパもすぐ見つかるよ～!!」

スモールワールドに住んでいるなんて、二人にとっては驚きだった様子です。これで信頼関係はバッチリ!!


「ユイちゃん。スモールワールドに乗る前は、何していたの～?」

「ご飯食べてた」

「ご飯?　何食べたの～?」

「チャーハン」

「ディズニーランドにはチャーハンはないけどなぁ～。もしかしてピラフ?」

「そう!　ピラフっ!!」

「ピラフね!!　ピラフならあるよ(笑)」

少なくとも、食事の時まではお父さんも一緒にいたようです。

「そっか〜。じゃあ、ユキちゃんは何の乗り物が好きぃ？」

「ユキちゃん、ダンボちゃん好き〜」

「そっかあ〜。じゃあ、ダンボちゃんのとこ行ってみよ〜」


私は、彼女たちが通ってきたルートをたどることにしました。


「ユキちゃん、ほら〜、ダンボちゃん。バイバーイ、一緒に手を振ろう」

「バイバーイ」

「ほら、ユイちゃんも一緒に、バイバーイ」

二人ともお父さんとはぐれたことを忘れて、逆に楽しんでいるようにも見えます。

「あ、ユキちゃん、ほらほら見てみて‼　チップとデール（ディズニーのキャラクターでリスの双子）が出てきたよ〜」

「あーっ‼　チップぅ〜、デールぅ〜（グイグイ引っ張る）」

「もぉ～、ユキちゃんダメダメ～。迷子が迷子になっちゃうでしょ‼」

どうやら活発なユキちゃんは、興味があるものを見かけると、それに気を取られる性格のようです。私も子どもの頃同じようなタイプで、いつも迷子になっていました。

そうこうしているうちに時計を見ると、もう十分超パパを探していました。

迷子保護の手順では、周辺捜索は十五分が目安となっています。

「ねぇねぇ、ユイちゃん。パパもユイちゃんとユキちゃんのこと探しているかな～？」

「……」

「ユイちゃんたちのパパは、あのショーを観ている気がするんだよね～」

当時、イッツ・ア・スモールワールドの前にはスモールワールドステージというステージがあり、この日もショーが繰り広げられていました。

「もうちょっとで、あのショーが終わるから。そうすると観ている人がいなくなって、わかりやすくなるからよ～く見ててね」

やがて、ステージの音楽がエンディングを告げ、ショーの観客が席を離れ始めました。そして、客席が少し見通せるようになった時……。


「いたーっ、パパだっ、パパーっ」

「えっ、いたの？　どこどこ⁇　走らないで、走らないで〜‼」

「パパーっ、パパーっ‼」

思ったとおり、パパはステージを観ていたんです。


「いやぁ〜、二人ともよかったね〜。パパ見つかったよ〜」

「ユイにユキ、いったいどこに行ってたんだ？」

「パパのこと探していたんだよ」

「二人とも、このコワいおじちゃんにさらわれるとこだったんだよね（笑）」

「違うよ。おじちゃん、一緒にパパを探してくれてたでしょ」

「そう、そうだったよね（子どもに冗談は通じないか……）。お父さん、ステージご覧になっていたんですか？」

「あ、はい。子どもたちもどっかその辺で見ているだろうと思って……」

「そうだったんですねえ。パパ、二人のこと探してなかったんだってえ（爆笑）」

「パパやだー、もぅ〜」

「ははは（笑）それならもう、ユイもユキもおじちゃん家の子になっちゃえよ（笑）」

「ユイ、おじちゃん家の子になるぅ〜」

「ユキもーっ!!」


本当は会えてうれしいはずのユイちゃん、ユキちゃん、そしてパパ。家族ならではの温かい空気が流れます。

でも、もうそろそろお別れの時間です。


「ユイちゃん、ユキちゃん、そろそろおじちゃん行かなきゃ……」

「おじちゃん、また遊んでねっ!!」

「うん、ユイちゃん、ユキちゃん、握手ぅ〜。バイバ〜イ」

スモールワールドステージのエンディングを告げる音楽がフィナーレになった時、ユイちゃんとユキちゃんとおじさんの十五分の旅も無事に終わりました。

あの時、照れ隠しのようにお父さんが言った「おじちゃん家の子になっちゃえよ」の冗談に、半分本気のように「おじちゃん家の子になる〜」と二人が言ってくれたあの言葉は、僕にとっていちばんの褒め言葉になりました。

ちなみにパパ、メガネはかけていたけど、洋服は白じゃなかったな……。

ま、いっか（笑）

by　元アトラクションキャスト

Story
05

雨上がりのマジック

「だから気をつけなさいって言ったでしょ‼」

女性の大きな声が聞こえたと思ったら、男の子が弾けるように泣き出しました。

足元には、無残にもソフトクリームがぐちゃっと落ちています。

ああ、落としちゃったんだな。

状況を理解した僕は、すかさず男の子のそばに駆け寄り、トイブルーム（ほうき）とダストパン（ちりとり）で、パパッとソフトクリームを片づけました。そして、膝をついて、涙目の男の子の目線に合わせて、

「ソフトクリーム落としちゃったんだね。大丈夫だよ。ちょっと待っていてくれる？」と伝え、隣にいるお母さんにも「すぐ戻りますから、待っていてくださいね」と声をかけ、急いでソフトクリーム屋さんに向いました。

売り場のキャストに事情を話し、新しいソフトクリームを作ってもらった僕は、一目散《いちもくさん》に男の子のもとへ戻りました。

「お待たせしちゃったね。はい、どうぞ‼」

膝をついて、まだ頰《ほほ》を涙で濡らしている男の子にソフトクリームを差し出すと、「本当にいいの？」と訴えかけるような瞳でこちらを見つめています。

僕は、男の子の手を持ってソフトクリームを手渡しながら、

「大丈夫だよ。もしまた落としちゃったとしても、お兄さんたちが、すぐに新しいのを持ってくるから（笑）」

と言ってみても、男の子の表情はこわばったまま。よほどソフトクリームを落としてしまったことがショックだったのでしょう。

お母さんにも「食べてくださいね」と笑顔で伝え、その場を離れましたが、その男の子のことが気になって仕方がありません。

このままだと、せっかくのディズニーランドの思い出が、あまりいいものにならないかもしれない。どうにかして男の子の笑顔を取り戻したい……。

でもこれ以上、カストーディアルである自分にできることなどありません。

どうしようか……と悩んだところで、持っているものは掃除の道具だけ……。

う～ん……ん⁉

足元にあるのは、さっきまで降っていた雨でできた小さな水たまり。

あっ‼

あることを思いついた僕は、男の子のところへ戻り、

「ボク、ちょっとこっちへ来てくれるかな。おもしろいものを見せてあげるよ」

と、水たまりのそばまで連れてきました。

そして、トイブルームのブラシ部分を、水たまりに浸《ひた》し、その男の子にほほ笑みかけてから、水につけたブラシを筆に見立て、地面にサササッと円を描きました。

「お兄さん、何を描いてくれるんだろうね？」

楽しそうにそう言って、しゃがみこんだお母さんの横で、立ち尽くす男の子。

いったい何が始まるんだろう？

と興味を持ってくれたのかはわかりませんが、男の子の表情に、少しですが変化があったような気もします。

「よし！」

と気合いを入れて、もう一度ブラシを水につけ、今度は黒丸を一つ。

「あ！　ミッキーのお鼻だ〜！」

弾んだ声をあげたのは、男の子です。

こちらを一心に見つめる男の子の視線を感じながら、次々に線を走らせます。

水たまりの水を使って、ミッキーマウスの似顔絵を描く——。

とっさの思いつきとはいえ、ミッキーの絵は子どもの頃からよく描いていたので、ブラシの操り方さえ感覚をつかめれば、かなりうまく描ける自信がありました。

鼻、口、顔の輪郭《りんかく》、二つの耳を描いたところで、

「うわ〜スゴーい。上手〜‼」

男の子が手をたたいて歓声をあげました。近くを歩いていたほかのゲストたちも、彼の声に気づき、「なんだ、なんだ？」と僕たちの周りに集まってきました。

初めてのことにドキドキしながら、頭を黒く塗り、最後に瞳を描いたらできあがり。

「はい！　ミッキーマウスだよ。

ミッキーが君に『元気出して思いっきり楽しんでね！』って言ってるよ」

汗だくになりながら男の子に向かってそう言うと、

「お兄ちゃん、ありがとう‼」

満面の笑みで応えてくれました。

その言葉にホッとした瞬間、
パチパチパチパチパチ……。

周りで見ていたほかのゲストのみなさんから、たくさんの拍手が起きました。

見回すと、みなさん温かい笑顔を僕に向けてくれています。

「ありがとう」「素敵な瞬間に出会えたよ」

そんな感謝の言葉までも――。

僕はこみあげてくるものを必死でおさえながら、

「ありがとうございます。ありがとうございます‼」

何度も言って頭を下げました。

トレーニング中に先輩が言っていた、

「僕らは、ゲストの思い出づくりのお手伝いをしているんだよ」

という言葉の意味がようやくわかった気がしました。

同時に初めて、カストーディアルという仕事に誇りを持つことができました。

それだけではありません。

僕は、もう一つ大切なことに気づきました。

常にゲストのために働いている僕たちですが、一方でゲストからたくさんの感動や喜びをもらっていたのだと。

by 元カストーディアルキャスト

Story
06

BIRTHDAY in TDL

誕生日をディズニーランドで過ごすのが夢だった私は、女友だち三人を誘って、念願の「誕生日にディズニーランド」を実行しました。

エントランスに着くなりさっそく入場案内のキャストのお姉さんに、「今日、私の誕生日なんです」と伝えると、その女性はパッと瞳を輝かせ、

「お誕生日、おめでとうございます！　バースデーシールをどうぞ」

とお祝いの言葉と共に、ミッキーの顔と「Happy Birthday!」の文字が入っている小さな丸いシールに、私の名前をサインペンで書き入れてくれました。

「見えやすいところに貼ってパーク内を回ると、いいことがあるかもしれませんよ。素敵なお誕生日をお過ごしください。たくさんの思い出を持ち帰ってくださいね！」

バースデーシールのことは聞いたことがありましたが、実際にもらったのは初めて。「いいこと」って何だろう。ワクワクしながら入園すると、その瞬間から「いいこと」づくめ、まさに宝箱みたいな時間が待っていました。

「お誕生日、おめでとうございます！」

「Happy Birthday!」

パーク内で出会うキャストのみなさん、ほぼ全員が祝福してくれました。たくさんのキャラクターが私のところにやってきて、ハグやサインでお祝いしてくれました。言葉は発しませんが、みんな身ぶり手ぶりでの表現がとっても豊かで、「おめでとう」と言ってくれているのが伝わってきます。いちばん好きなドナルドダックのサインをもらえたときは、うれしすぎて、うるっときてしまったくらいです。

「うらやまし～。私も来年の誕生日は絶対ディズニーランドに来る！」

友人たちもすっかりディズニーのバースデーサプライズにはまっています。

レストランクイーン・オブ・ハートのバンケットホールで食事をとっているときのこと。デザートに「アンバースデーケーキ」を選んだのですが、運ばれてきたのを見てびっくりしました。

「Happy UnBirthday」とデコレーションされているはずのチョコレートの板が「Happy Birthday」に変わっていたのです。

「さすがディズニー。すごいね」

　私たちは大はしゃぎしながら、「お誕生日ケーキ」を食べました。

「みなさま、東京ディズニーランドは閉園時間となりました。楽しい一日をお過ごしいただけましたでしょうか……」

　閉園を告げるアナウンスが流れました。

　そのとき、私たちはシンデレラ城の前にいて、キラキラ光るイルミネーションに見入っていました。閉園アナウンスに、ああ、この夢みたいな時間はもう終わっちゃうのかぁ、と少し寂しい気持ちになりかけると……。


パン！　パン！　パン！

「ハッピーバースデーーーー!!」

　友人たちがクラッカーを鳴らして、バースデーソングを歌い始めました。

　わーーー！　最後の最後まで、サプライズだらけの一日だぁ。

　喜んでいたら、その騒ぎに気づいたキャストの方が数人駆けつけてくれ、一緒に、

「ハッピーバースデー、トゥ、ユー♪」

と歌ってくれたのです。感激もひとしおで、胸がいっぱいになり、言葉が出ません。

「はいこれ。みんなから」

ディズニーのオリジナルバースデーカードでした。

「……あ、ありがとう……」

お昼にミッキーとミニー、友人たちと撮った写真がもう現像されて貼ってあり、三人からのメッセージもびっしり書かれています。


「誕生日という、一年で最も大切な時間を私たちと一緒に過ごしてくれてありがとう。これからもいちばんの友だちでいようね……」


最後のほうは、文字が霞《かす》んでよく見えません。

「なんか……よく読めないよ……」

涙声の私を、ぎゅーっと三人がハグ。

「昔っから泣き虫なんだから♪」

最後の最後は、みんなの瞳にも光るものが見えて……泣き笑い。

今振り返ると、青春ゴッコみたいなことして、顔から火が出そうなくらい恥ずかしいのですが、そんな私たちをキャストのみなさんは温かい目で見守ってくださっていました。閉園時間だったのに、ひと言も急かされませんでした。それどころか、「素敵な一年をお過ごしください。来年のお誕生日もいらしてくださいね！」と笑顔で見送ってくれたのです。

それ以来、私たち四人は、お互いの誕生日のときにディズニーランドに行こうと約束しています。誰かが結婚したり、疎遠になったりして、いつかかなわなくなるときがくることもわかっています。

それでも「毎年、誕生日にディズニーランドでね！」は私たちの合い言葉。

それにしても、この日だけでいったい何人の人に「おめでとう」と言ってもらったかしら。

少なくとも、二十数年の人生のなかでいちばん多かったのは、間違いありません。

by ゲスト

Happy Birthday!

可能性が高く、それは防ぎようがありません。
　結局、アトラクションキャストが入り口で「水がかかってしまう可能性がある」旨をお伝えし、ご了承いただいてから乗船・乗車いただくほかありませんでした。
　おかげでクレームをいただくことはありませんでしたが、今後、着物を着て遊びに来てくださる方が増えることは予想されることでした。おそらく２週間後の成人式も……。

　そこで、今のうちに何か対策を考えなくてはならない。ということで、それぞれ対応策を考えるべく、責任者が集まってミーティングを開くこととなりました。

「まずはやっぱり、注意喚起が必要では？　アトラクションの入り口に目立つ看板を設置するのはどうだろう？」
「でもそれは、お正月や成人の日だけのことでしょう。１年のうち約４日のためだけに大きな看板を作るのはどうなの？」

「う～ん、たしかに……（一同）」

「それならその日だけ、入り口で配るガイドブックに水がかかりやすいアトラクションはコレとコレです、と目立つように明記するか、着物に水がかかる怖れがあると記載したメモみたいなものを挟んで渡したらいいんじゃない？」

「おぉ～、いいねぇ～（一同）」

「ただ、成人の日やお正月は祝日でしょ。そうすると１日６万人から８万人分のガイドマップにメモを挟まなきゃいけないよね。だとすると、大変な作業だし、メモの印刷だって結構なコストになるんじゃない？」

59ページへ

LESSON 1

免責のサービス「どっちが大切？」

キャストは勤務初日のオリエンテーション（導入研修）で、ディズニーのポリシーは『すべてはお客様のために!!』と教わります。

ディズニーランドの創業者ウォルト・ディズニーは、この場所を訪れるすべてのゲストに楽しい想い出を提供したいと考え、パーク内のアトラクションからショー、施設デザイン、ＢＧＭ、ベンチに至る細部までこだわりをもって作りあげたそうです。

サービスを提供するキャストも同じです。ゲストの期待を超えるおもてなしを彼は求め、作りあげました。それが、今日のディズニーのサービスの根幹となっています。

こんなお話があります。

東京ディズニーランドには、お正月や成人の日に、着物（振袖）を着て遊びに来てくださるゲストが少なくありません。

大切な日をディズニーランドで過ごしていただけるのはとてもうれしいことなのですが、実は、着物で来園するゲストがいるとは、オープン時、想定していませんでした。

ディズニーランドがオープンして初めてのお正月。着物を着てやってきたゲストを見て、キャストたちは慌てたそうです。

着物を汚してしまったり、破損させてしまったりといったことがあっては、楽しい想い出を持ち帰っていただくことができないからです。

海賊船・カヌー・イカダ・ジャングル探検・小さな世界旅行など、水を使ったアトラクションは、何かの拍子に水がかかる

じゃないか!!
　ホントにそれが、僕らが考える“最幸”のゲストサービスなのか？」

「……」

「僕らが今、ここで考えなければならなかったのは、乗せない方法ではなく、どうやったらお乗せできるのかじゃないのか!!
　どうしたら、この大切な日の想い出を“最幸”のものにしてあげられるか、それを考えることじゃないのか!?
　水がかかって汚してしまうことがあるなら、なぜ、着物が濡れないような専用レインコートを用意しようとしないんだ？　各アトラクションの入り口に準備しておけばいいじゃないか。そして、着物のゲストがいらしたら、そのコートをお渡しする専用のポジションを置けばいい。
　たった１日そのポジションが増えるコストと、その大切な１日を何の心配もなく過ごせるようにし、楽しい思い出を創って差し上げること、どっちが大切なんだ？　なんの心配もなく楽しんでいただくことこそが、私たちが目指すゲストサービスだろう!!」

「……」

「もし君たちが考えるように専用のカードを創ったとして、それを君たちはどう使うつもりなんだ？
　着物が水で汚れたり、振袖が引っかかって破けてしまったりしたゲストに向かって、『お客様、このカードには目を通されましたか？』『入り口で水がかかる可能性があることは、あらかじめお知らせしていましたよね』とでも言うのか？」

60ページへ ←

「う～ん……（一同）」

「だったら、入り口のチケットブースとゲートで着物を着て来園されたゲストだけにそのメモを渡せばいいんじゃない！？」
「たしかに、それだったらそんなには部数要らないよね～」

「おぉ～（一同拍手）」

「成人式って一生に１回だよね。だったらメモとかじゃなくて“成人おめでとう”って、きっちりデザインして、キレイな紙でカードを創ったら喜んでもらえるんじゃないかな‼」

「おぉ～、それいいよ‼（一同）」

　などと、責任者同士で盛り上がって話し合っていると、部屋の隅で通訳を通して一部始終を聴いていたアメリカ人トレーナーが真っ赤な顔をして、怒鳴ったそうです。

「Be quiet‼　（静かにしろ‼）」

　和気あいあいのムードだった会議室が一瞬にして静まり返りました。

「さっきから聴いていたら、なんなんだ。アトラクションの責任者が集まって、いったいなんの会議をしているんだ‼
　成人の日は日本人の君たちにとって大切な文化なんだろう？
　その大切な日に、ワザワザ正装して僕らのパークで過ごしてくれるんだろう？
　なのに、君たちのこの数時間の会話はなんなんだ‼　揃いも揃って、アトラクションに乗せないための相談をしているだけ

「……」

「君たちが考えていたようなことをサービスというのなら、それはディズニーのサービスではない。“免責のサービス”だ‼
僕らはどのような事情をお持ちのお客様であっても、このパークの中では、誰もが子どもの頃のように何の心配もなく、自由に夢の時間を楽しめるようにしたい。それが、僕らが掲げるポリシー“すべてはお客様のために”のはずだ」

「怒鳴ってしまってすまなかった。でもね、サービスを間違えないでほしい」

このお話は当時、常務だった北村さんにうかがいました。彼は、この出来事を通して「本当のサービスとは何か」、私たちがこのパークで目指すべきゴールの本質を学ぶきっかけとなったとお話しされていました。
こだわりを持っているからこそ、キャスト１人ひとりにまでその心が伝わり、あのようにイキイキと働く集団が生まれるのでしょう。

それでは引き続き、ＯＢ・ＯＧたちの心温まるエピソードをお楽しみください‼

Story
07

最高のディズニーマジック

学生時代から長い時間をディズニーランドで過ごしてきました。

仕事とは何か、働く喜びとは何かを教えてくれたディズニーランドでのアルバイトも今日が本当の最終日。

三日前に思い出の詰まったアトラクションでの最後の勤務を終え、今日は今まで着ていたコスチュームや借りていたロッカーのカギの返却、退職手続き。これですべて終わりです。

ひと通りの手続きを終え、お世話になった人たちにもお礼を済ませました。

やっぱり辞めたくない……。

ここで働いていたい。

一度はスッキリ整理させたはずなのに、未練の気持ちが込み上げてきます。

これからの新しいステージへのスタートなんだと、自分自身に言い聞かせ、従業員出入り口のほうへ向かいました。

働いていたときは、それほど気にしていなかったバックステージの風景……。

今日で最後だと思うと、事務所の廊下でさえ愛おしく思えてくるから不思議です。

今まで、この場所であった数々の思い出に浸《ひた》りながら、ゆっくり歩いていると、

パンッ!!


背後から、誰かに肩をたたかれました。

えっ？

突然のことにビックリして振り向くと、笑顔のミッキーとミニーが両手を口にあてながら、いたずらっぽいしぐさで立っています。

さみしそうな後ろ姿を見つけて、元気づけてくれようとしたのでしょう。

ミッキーやミニーたちは、バックステージにいても、常にミッキーとミニー。いつも私たちキャストを気遣い、パレードやショーで踊り疲れているであろうときも、こうして私たちを元気づけてくれます。

そんな彼らの気持ちが伝わり、気遣ってくれたことにうれしくなった私は、二人にお礼を言いました。

「ミッキー、ミニー、今まで本当にありがとう。実は私、今日で最後なんだぁ。でもね、ホントにここで働けてよかったと思う。ここでの数年間は私にとっての宝物だよ。本当にありがとうね。それで……、最後にお願いが一つあるんだけど、聞いてくれる？」

ミッキーとミニーが同時に、首を大きく縦に振ってくれます。

「最後にもう一度だけ、握手してもらっていいかなぁ……」

恥ずかしそうに言った私のお願いを、全身で喜びを表現しながら聞いてくれた二人は、すぐに私の両手を持って強く握手をしてくれました。

うれしくて涙が出そうになるのを我慢していると、ミッキーがジェスチャーで「ちょっとだけ、ここで待っていて」と伝えてくれます。

「えっ、ここで？　待ってててってこと⁉」

うんうんと大きくうなずくと、ミッキーは建物の中に消えていきました。

なんだろうと思いながら、横で手を握ってくれているミニーと待っていると、ミッキーが走ってきました。

その後ろにはドナルド、グーフィー、そしてプルート……。

ビックリする私の周りを五人のキャラクターが囲み、ギュッと一人ずつ〝ハグ〟をしてくれました。

言葉は話さないキャラクターたちですが、ハグをしてくれた瞬間、

『今までお疲れさま、これからもがんばってね‼』

と言ってくれているように感じ、気がつくと涙があふれて……言葉になりません。

そのままミッキーとミニーに手をつないでもらい、両手に彼らの温かさを感じながら出口のほうへ歩いて行きました。

建物の曲がり角で、彼らに別れを告げて、「バイバーイ」と大きく手を振ると、五

人も大きく手を振り返してくれました。

私はディズニーを離れますが、ディズニーで習ったこと、もらったことを忘れずにいられそうです。

そして、私なりのディズニーマジックを周りの人にかけていけたらと思います。

最後の最後で、またも最高のディズニーマジックを体験することができたのだから。

ありがとう、ミッキー&ミニー。

by 元アトラクションキャスト

Story
08

カヌーの王子様

ディズニーランドを卒業して、早二十年。

今では結婚し、二人の女の子のお母さんとなり、ゲストとしてディズニーランドを利用する立場となりました。

これは、夏休みに娘たちと一緒に、ディズニーランドを訪れたときのお話です。


娘たちはアウトドアが大好き。

ディズニーランドでも、いちばん好きなアトラクションは、ビーバーブラザーズのカヌー探検。自分でカヌーを漕《こ》ぎながら、ジャングルのような河を一周する、アドベンチャー気分満点のアトラクションです。


この日も、真っ先に「カヌーに乗る！」と張り切って走り出したのですが、「危ないよ」と注意したそばから、長女が派手に転んでしまいました。

「ほら、言ったじゃないの？」

苦笑まじりに、うつぶせのまま泣き出しそうな娘のところへ駆け寄ると……。

「おじょうさん、おケガはありませんか？」

どこから現れたのか、キャストのお兄さんが娘の前に膝まずき、手をとって立ち上がらせてくれました。まるで王子様がお姫様に接するかのような対応で、見ている私もついうっとりしてしまいました。

娘は、と目をやると同じくうっとり中。

「大丈夫？」と訊《き》かれて、もじもじと恥ずかしそうに、こっくりとうなずいています。

「ああ、よかった。元気なのはいいことだけど、今度は気をつけようね」

彼はニッコリと笑い、娘の両肩にやさしく手を添えました。よく陽に焼けていて、スポーツをしているようなさわやかな青年です。

「僕は岡田。〝おかっち〟って呼んでね！　君のお名前は？」

「たまちゃん！」

膝まずいたままで、娘と同じ目線になって話しかけてくれるお兄さんに、娘はお姫様気分になっているようです。

「たまちゃんかぁ。かわいい名前だね。じゃあ僕はカヌーに乗ってみんなをご案内しなくちゃいけないから、もう行くね。また会おうね、たまちゃん!!」

彼はそう言い残すと、さっそうとアトラクションへ戻っていきました。

「たま、よかったねえ。かっこいいお兄さんに助けてもらって」

「おかっち、だよ。お兄ちゃんの名前」

娘は転んだことなどすっかり忘れて、頬を上気させています。

しばらく近くのベンチに腰かけて、洋服の汚れを落としていたら、突然「あっ」と娘が立ち上がり、

「おかっちのお兄ちゃ～～～ん!!」

と河に向かって手を振り出しました。見ると、たくさんの乗客を乗せたカヌーの船頭で岡田さんがオールを漕《こ》いでいます。

「ばいばーーーい！」

ありったけの声を張り上げて、岡田さんに向かって手を振る娘に気づいた彼も、オールを漕ぐ手を休めて、こちらに向かって、

「ばいばーーーーーい!!」

とさらに大きな声、大きなしぐさで返してくれました。

うれしくなった娘は、おかっちお兄さんに負けないようにと、今度は小さな身体（からだ）全部を使って、全身を揺らすように両手を振って、

「ばいばーーーーーーい！」

すると、またまた岡田さんから
「ばいばーーーーーーーい!!」

まるで木魂《こだま》のように返ってきます。

「ばいばーーーーーーい！」
「ばいばーーーーーーい‼」
「ばいばーーーーーーい！」
「ばいばーーーーーーい‼」

娘はすっかり〝おかっちお兄ちゃん〟のファンになり、この日はずっと「おかっち、いないかな？」と、きょろきょろと探していました（笑）。

さらに家に帰ると、「おかっちお兄ちゃんに手紙を書く」と言い出したのです。まだ書ける文字も限られていましたが、つたない字で、

「おかっちお兄ちゃん、ありがとう。ディズニーランドにいったらまたあそんでね」

と書いて、ディズニーランドに送りました。

娘は、送った翌日から彼からの返事を待っていましたが、ちゃんと彼の手元に届くかどうかわからないし、アルバイトだろうから辞めているかもしれない……と、私は

まったく期待していませんでした。

しかし、数日後、「たまちゃんへ。ディズニーのおかっちより」と書かれたハガキが届いたのです!!


「たまちゃん、おてがみありがとう!

ぼくもたまちゃんとあえてとってもたのしかったよ。

またいつでもあそびにきてね。

いっしょにカヌーたんけんしよう!」


ひらがなで書かれた岡田さんからの手紙を、娘は何度も何度も声に出して繰り返し読み、うれしそうに、「こんどはおかっちと冒険するんだ!」とはしゃいでいました。

喜んでいる娘の姿を見るのは、母親としてもうれしいものです。

彼のやさしさに胸が熱くなりました。

あれから半年――。

来週の週末、娘を連れてディズニーランドに行く予定です。

もちろん、真っ先におかっちが待っているビーバーブラザーズのカヌー探検へ駆けつけます。

今から、おかっちお兄さんと再会したときの娘のはちきれんばかりの笑顔が目に浮かびます。

おかっち、本当にありがとう‼

by　元アトラクションキャスト

Story 09

余命一カ月のヒーロー

その日、私がシンデレラ城で出迎えたのは、小学六年生のお兄ちゃんと小学二年生の弟、そのお父さんとお母さん、そして親戚で来られたグループでした。

この兄弟とご家族がツアーに参加されることを、私は事前に知っていました。

なぜなら、お兄ちゃんは難病により余命一カ月だと宣告されているため、万全の注意を図るよう、連絡があったからです。

「『元気になってまた大好きなディズニーランドに行きたい。
そして前に入ったことのあるシンデレラ城で、僕も悪い奴をやっつけてみたい』
と男の子が希望している」

彼の夢をかなえてあげたい。それには、どうすればいいだろう――。

検討した結果、今回は通常のツアーとは別に、その彼と家族と一緒に来られた親戚の方、そして来園中なにかあってもすぐに対応できるよう、彼に同行している専属のドクターやナースの特別ツアーをすることになりました。

注意事項として通達されていたのは、その男の子の余命を知っているのは、ドクターとナース、お父さん、お母さんと親戚だけであり、本人もその弟もそのことは知らされていないということ。細心の配慮が求められます。

ツアー中は目の前にいる男の子のことを思うと胸が張り裂けそうでしたが、いつもと同じように、明るく振る舞わなければと自分に言い聞かせ、ガイドとして、みんなの案内役を務めました。


そしてツアーはいよいよ、クライマックスシーンに。

彼の夢だった、悪者をやっつけるシーンです（詳細は26ページ）。私はいつも以上に心を込めてセリフを言いました。

「光の剣はきっと次の部屋にあります。

勇気と、善意と、純粋な心のある人なら、その光の剣を使えるはずです。

どなたかいらっしゃいませんか？　誰か力を貸してください!!」

すると、次の瞬間でした。

「そうだ、お兄ちゃん!!　ねぇ、お兄ちゃんがやりなよ!!」

それまでお兄ちゃんの側にいた二年生の弟くんが声をあげました。

彼のひと言につられたように、お父さんやお母さん、親戚の方々も続きます。


「そうだ、おまえがやれよ！」

「お兄ちゃんならきっとできるわよ！」

「がんばって‼」

みんなの声に勇気をもらったのか、お兄ちゃんは震える声で、

「う……ん」

と答えてくれました。

そして、家族が見守るなか、光の剣を手にしたお兄ちゃんは悪者を倒し、見事、シンデレラ城を守ってくれました。自分の力で夢をかなえたのです。


ツアーのフィナーレで、悪者をやっつけてくれたお礼に「ヒーロー」と記された記念メダルをお兄ちゃんの首にかけてあげたとき、お兄ちゃんの目からほんの少し涙が流れているのに気づきました。

弟やみんなに応援されて、夢をかなえられたことがうれしかったのかもしれません。私も思わずもらい泣きしそうになりましたが、涙をこらえてなんとか最後までやり遂げました。

約二十分間のツアーの間、お兄ちゃんの体調も急変することなく、無事にツアーを終えてお城の外にでると、先ほど声をあげた弟くんがお兄ちゃんに駆け寄り、その首にかかっているメダルを覗《のぞ》き込みながら

「スゴい。お兄ちゃん、やったね!! 悪い奴をやっつけたんだよね」

と何度もうれしそうに言っていました。

私はその二人のほほ笑ましい姿を見ながら、弟くんのやさしさに胸を打たれました。

当時の弟くんは小学校二年生。

自分が同い年の頃だったら、自分だってお兄ちゃんのように勇者になって光の剣で悪い奴をやっつけたいって思うはずです。なのに、お兄ちゃんの夢を素直に応援できた。

弟くんもまた、このツアーのヒーローでした。

うっすら涙を浮かべながら、笑顔で「ありがとうございました」とお礼を言ってシ

ンデレラ城をあとにするご家族を見送りながら、私は「また遊びにきてね」と精一杯手を振ったのでした。

by 元アトラクションキャスト

Story
10

おばあちゃんと花火

ディズニーランドではほぼ毎晩、花火が上がります。

その日私は、ピーターパン空の旅というアトラクションの外で待ち時間をご案内していました。

花火が始まる十分ほど前、一組の家族がやってきました。

車いすに座ったおばあちゃんとお子さん二人、そしてご両親のグループです。ピーターパンのアトラクションに入っていく四人を見送ったあと、おばあちゃんは入口のかたすみに車いすを寄せて、静かに空をながめていらっしゃいました。

私は心細くないだろうかと心配になり、おばあちゃんに話しかけました。


「こんばんは。今日は朝からいらっしゃったんですか?」

おばあちゃんは柔和な笑顔を浮かべ、教えてくださいました。

「ええ、そうなんです。孫が行きたいと言ったのでね。でも、私は何も乗れないから、こうやって待っているんです」

私は少し申し訳ない気持ちになりました。その気持ちを察してくれたのでしょう。おばあちゃんは続けてこう言ってくださいました。

「待っているとヒマだけど、ここの緑はとてもきれいに手入れされているから、観ているだけでも気持ちがいいわ。

それに、従業員の皆さんは私を放っておいてくれないのよね。みんな声をかけて、私の話し相手をしてくださるの。さっきはシンデレラも来てくれたのよ」

クスクスとおかしそうに笑うその表情に、私はホッとしました。

それから、お孫さんのこと、今日一日の出来事などを聞かせてもらっていると、花火が始まる時間に。

「もうすぐ花火が始まるんです。よかったら、花火の見える方向に車いすを動かしてもいいですか？」

「花火が上がるの？　まあ、素敵。ぜひ観たいわ」

私は喜んで、車いすを花火がよく見える方向に移動し、一緒に空を見上げました。

ド・ドーン。

大きな音がして、花火が上がり始めました。

「きれいねぇ」

花火の閃光《せんこう》に照らされるおばあちゃんの表情はうっとりしています。

私たちはそのまま静かに花火を眺め続けました。

花火が終わる頃、アトラクションを楽しんでいた家族が戻ってきました。

「おばあちゃん、花火観たの？　いいなあ！」

お孫さんたちがおばあちゃんに抱きつきます。

家族の会話が始まりました。

さあ、私の役目も終わったかな。おばあちゃんに挨拶をしてその場を去ろうとすると、にっこり笑いながら、おばあちゃんがこう言ったのです。

「ありがとう。花火を一緒に観られて幸せだったわ。あなたたちは動けない私にも思い出をたくさんくれました。冥土《めいど》の土産《みやげ》にしますからね」

私はビックリしました。

「冥土の土産だなんて！　これからもたくさん思い出をつくりにいらしてください！

お待ちしています」

おばあちゃんがその後、再び訪れてくださったかどうかはわかりません。

でも、あのときおばあちゃんが話してくれた言葉は今でも忘れられません。キャスト一人ひとりはもちろん、パークの緑まで見てくれるゲストがいる……。

私たちディズニーランドに関わるすべての人たちのチームワークがあるからこそ、最高のハピネスを届けられるのだとあらためて気づきました。

そして、ディズニーの世界観をつくりあげているのは、キャストだけでなくゲストもそのチームであり、誰一人として欠けてはいけないのだと――。

by 元アトラクションキャスト

Story 11

「ありました！」

十二月の、クリスマスに近い日のこと。

その日は、春のような陽気で、寒さはそれほどでもありませんでしたが、時折強い風が吹いていていました。

クリスマスシーズンということもあって、平日ながら、オープン時間からかなり混雑しています。

シンデレラ城の前にもたくさんのゲストで長蛇の列ができていました。

ミステリーツアー（現在は終了しています）のキャストとして、外でゲストをお迎えする担当だった私は、並んでいる間退屈しないよう、得意のパントマイムで大きな風船をつくり、並んでいるゲストにポーンと投げる真似をするなどして、ゲストと一緒に楽しんでいました。


だんだん列の最後尾のほうへ移動していくと、明らかに他とは違う空気が流れているスペースがあります。

どうしたんだろう？

見てみると、若い女性が腰をかがめて、地面をあちこち熱心に見ています。連れと思われる男性も、一緒になって地面を這《は》いつくばっています。

「どうかなさいましたか？」

懸命に、何かを探している様子の女性に声をかけると、見るからに困憊《こんぱい》の色をにじませながら、

「すみません、コンタクトレンズを落としてしまって……。私、極度に眼が悪いので、コンタクトがなかったら、何も見えないんです……」

か細い声でそう呟《つぶや》くと、今にも泣き出しそうな表情に。

「こんなところで目をこするからだよ。これだけ風があったら、飛ばされているよ。見つけるのなんかムリだよ。あきらめてもう帰ろう」

そんな彼女をイライラした様子で、連れの男性がたしなめています。

おそらく二人は恋人同士なのでしょう。クリスマスの時期にディズニーランドでデートだなんて、きっと二人とも楽しみにしてきたはず。せっかくのキラキラしたデー

トを、ここで台無しにしてほしくありません。

「先頭にたどり着くまで、まだ時間がかかりますから、もう少し探してみましょう。もう一人、キャストに応援を頼みます。四人で探せば、きっと見つかりますよ!!」

そう力強くお伝えし、後ろに並んでいたゲストに先に行ってもらい、再び探し始めました。


すると、私たちの様子を見ていたゲストの一人が、

「コンタクトがないと困りますよね。私もコンタクトなのでわかります」

と言って、一緒に探し始めてくれたのです。

今日はほかのアトラクションも混んでいて、長い時間並ぶ可能性が高いのに……。

コンタクトをなくした女性と一緒に、

「そんな申し訳ありません。自分たちで探しますから、大丈夫です」

と恐縮していると、別のゲストも、

「私も一緒に探しますよ」

と言ってかがんでくださいました。

気づくといつの間にか、女性の前後五メートルくらいに並ばれていたゲストの方々が、三十人はいらっしゃったでしょうか、腰をかがめてコンタクトを探してくださっていたのです。

その光景に、なんだかじわじわと胸が温かくなるのを感じました。

「みなさん、ありがとうございます!! ここからは、私たちキャストにお任せくださ い。どうぞみなさま、このまま列をお進みください」

と頭を下げ、再び捜索を開始しました。

それから三十分は探していたと思います。

あんなに小さなものを、風の強い中で見つけるのはやっぱりムリなのかも……、そんな思いがよぎったそのとき、

「あっ、あったーーーーっ!!」

数メートル離れたところで、さっき一緒に探してくれていた女性のゲストの方が満面の笑みで右手を挙げています。

「うわーっ、ありがとうございます!! よかったーーー!!」

私はうれしさのあまり、落とした女性と手を取り合って喜びを分かち合いました。

周りの人も気にしていてくれたのでしょう。

「見つかってよかったですねぇ」

「これで、このあとも楽しめますね!!」

などと、あちこちから言葉をかけていただきました。

キャストもゲストも関係なく、困った人がいたら手を貸したいという気持ちで、そこにいる人たちみんながつながったように感じました。


特に印象的だったのは、連れの男性です。

最初のうちは他人を巻き込んで、大事《おおごと》になってしまった状況を恥じているような様子だったのですが、一生懸命に探してくれる人たちの姿に何か感じたのでしょうか。

「ぼくらのためにすみません。ありがとうございます」

と一人ひとりに声をかけて、自分も膝を地面につけて探していました。

コンタクトレンズが見つかると、顔をくしゃくしゃにして喜び、何度も何度も見つ

けてくれた女性にお礼を言い、そのあと、大きな声で列に並んでいるほかのゲストに向かって、

「みなさんのおかげで見つかりました。ありがとうございます！」

と深々と頭を下げました。

トラブルをくぐり抜け、シンデレラ城へ向かう二人の背中は、最初の印象よりもより親密に寄り添って見えました。私の勝手な思い込みかもしれませんが……。


しばらくして、私のもとに一通の手紙が届きました。

それは、あのときの彼からでした。


――先日はありがとうございます。

自分は並ぶのが何より嫌いなうえに、気が短いほうなんです。実はあの日、本当は遊園地が大嫌いなのに、つきあい始めたばかりの彼女にねだられて、渋々ディズニーランドに行かなければならないハメになったんです。

案の定、どこも混雑していて並ばなくてはならず、かなりイライラしていました。

そんなタイミングで彼女がコンタクトを落とし、コンタクトがないと目が見えないから困る。一緒に探してほしいと言われて、さらにイライラが増し、本当は彼女をこの場において、一人で帰ろうかという衝動にかられていたんです。

もう爆発寸前、というそのときでした。

スタッフの女性に声をかけてもらい、その明るい笑顔と、『一緒に探しましょう』という言葉に救われました。

ディズニーのスタッフはみな、親切で親しみ深く接してくれると、彼女から聞かされていましたが、正直、そんなのサービス業なんだから当たり前じゃないかと冷ややかに聞き流していました。

でも、うまく言葉にできないのですが、単なる接客の親切さとは違う、まるで友人に接するような親しさを感じました。

さらに驚いたのは、その場にい合わせたほかのお客さんまでもが一緒になって探してくれたことです。こんなこと、ほかのどんな行楽地でもありえないと思います。

ディズニーランドは、訪れる人みんなをやさしい気持ちにさせてくれる場所なのかもしれない……。

初めて行った自分がこんなことを言うのはおかしいかもしれませんが、一日ディズニーランドで過ごし、スタッフもお客さんも楽しそうに笑顔でいる姿を見ていて、そんなふうに感じました。

あの日のことを思い出すと、今でも胸がじーんとなります。

ふだん、こういう手紙を書いたことはないのですが、こんないい思い出をつくってくれたディズニーのみなさんにお礼をお伝えしたく筆をとりました。

本当にありがとうございました。

相変わらず遊園地はあまり好きではありませんが（すみません）、ディズニーランドだけは別格です。

また来年、彼女と一緒に遊びに行きたいと思います――

この手紙は私の宝物になりました。
あのときの自分の気持ちを一生忘れずにいたいと思い、卒業した今もこの手紙を折に触れて読み返しています。

by　元アトラクションキャスト

Story
12

一年ぶりの再会

「おーい、おーい」

アメリカのウオルトディズニー・ワールドでの研修を終え、日本へ帰国するまであと数日となったある日、アトラクションの入り口で仕事をしていると、一人の男の子が、カードらしきものを振り回しながら、走ってくる姿が見えました。

「ジョン‼　ジョンだよね‼　おかえり‼」

一年ぶりの再会でした――。


僕の担当は、マジックキングダム・パークにあるスプラッシュ・マウンテン。水しぶきをあげながら急流を丸太のボートで下る、園内でも一、二位を争う人気のアトラクションです。


ジョンと会ったのは、一年前のアメリカの独立記念日でした。

雲ひとつない、いい天気の休日ということで、その日はいつも以上にたくさんの人が並んでいました。列の誘導をしていると、幼い男の子二人を含む四人家族が列に加わるのが見えました。

弟さんの身長が気になった僕は、ご両親に声をかけました。

「こんにちは‼　このアトラクションはジェットコースターと同じで身長制限があります。お子さんの身長を測らせていただけますか？」

スプラッシュ・マウンテンはビルの五階程の高さから、時速六〇キロ超のスピードで急流を下るため、身長や年齢等の利用制限を設けているのです。

身長を測らせていただいたところ、お兄ちゃんはクリア‼

ところが、弟さんのほうは指二本分ほど足りません……。

「Sorry……。弟さんは規定の身長に満たないので、本日はご利用いただくことができません」

申し訳ない気持ちで伝えると、よっぽど楽しみにしていたのでしょう。弟さんはお母さんの背中で泣き始めてしまいました。

――どうしよう。なんて声をかけてあげればいいだろう。

弟さんを交代で見てもらいお父さん、お母さんに乗ってもらうかぁ――

僕が困っているのを見て、アトラクションの責任者が声をかけてきました。

「どうしたんだい?」

「お子さんの身長が足らないので乗れないことを伝えたら泣き出してしまって……」

「そうか。ちょっとこっちへ」

彼は僕を家族から離れたところまで移動させ、小声でこう言いました。

「『あれ』を渡してあげなよ」

「あれって?」

「『ネクストチャレンジャー』だよ」

「……えっ? 何それ?」

「知らないのか? 身長が足りなくてアトラクションに乗れなかったお子さんが、次回遊びに来たとき、規定の身長を超えていたら列に並ばないで優先で乗れる証明書のことだよ。事務所でもらえるぞ」


さっそく事務所に行って、A4サイズの立派な証明証をもらい、泣いている弟さんのところへ戻り、話しかけました。

「名前はなんていうの？」

「ジョン……」

「ジョン、実はね、君にプレゼントがあるんだ。これね、君が大きくなったら、列に並ばないですぐにスプラッシュ・マウンテンに乗れるカードなんだ‼」

「え～っ‼　ほんと⁉　スゴイーー‼」

「君の名前を書いておくから、このカードを次に来るときまで大切にしておいて。必ずまた遊びに来てね‼」

「うん‼　ありがとう。ぜったいまた来るよ」

「じゃあ、僕はここで大きくなったジョンを待ってるからね」

まだ少し、瞳は濡れていましたが、ジョンはニッコリ笑ってくれたのでした。


そして一年後。

あの日の約束どおり、笑顔でカードを振り上げながら、ジョンが帰ってきました。

彼はメジャーで測らなくていいほど、背が伸びていました。

「ジョン、大きくなったね‼　さあ、乗り場へ案内するよ‼」

家族四人でボートに乗船したジョンは、最高の笑顔で私が見えなくなるまで手を振ってくれました。

しばらくして、アトラクションのクライマックスにある滝つぼの水しぶきでびしょ濡れになったジョンとその家族が、やって来てくれました。

「最高に楽しかったよ!!」

そして、こんなことを言ってくれました。

「決めたよ、僕も大きくなったら、絶対、ここで働くんだ!!」

「そっか。君ならきっと最高のキャストになれるよ!!

残念だけど、僕はもう少しで日本に戻るんだ。でも、君が大きくなってここで働くようになったら、今度は僕が遊びにくる。約束するよ。また絶対に会おうね!!」

あれから十年経ちました。僕はジョンとのこの約束が果たせる日が来ることを、今も楽しみにしています。

by　元アトラクションキャスト

Story 13

返品したい

初めてのアルバイト、それがディズニーシーでした。

子どもの頃からディズニーの世界が大好きで、イキイキと働いているキャストのお兄さん、お姉さんに憧れ、アルバイトをするなら絶対ディズニーランド、と決めていました。

念願かなって配属されたのは、ディズニーシーにある「EMPORIO《エンポーリオ》」というショップでした。「EMPORIO」はイタリア語で〝百貨店〟を意味し、パーク内でいちばん大きなショップです。

毎日たくさんのゲストが訪れ、ディズニーキャラクターの雑貨やステーショナリー、ぬいぐるみやお菓子など、思い思いに購入されていきます。今日の思い出に、記念日のしるしに、大切な人へのプレゼントに……。

商品を販売することが私の仕事ですが、それだけではなく、商品を通じてその日の体験を「思い出」としてお持ち帰りいただくお手伝いをするのも大事な役割と捉え、心をこめて接客をしていました。

そして、十二月三十一日。

新しい年の幕開けをゲストのみなさんとともにお祝いする、年に一度の特別な日。

店内は、カウントダウンをディズニーランドで過ごそうという人たちであふれかえり、商品も飛ぶように売れていきます。特に、この期間のみ販売される限定商品は数に限りがあるうえに、それを求めようとするゲストの方も多く、次から次へと完売に。


「あの……」

商品の陳列を整えていると、四十代ぐらいの女性から声をかけられました。

「どうなさいましたか？」

「ディズニーランドのほうで、お正月限定のミッキーとミニーのぬいぐるみが欲しくてショップに行ったのですが、ミニーちゃんがすでに売り切れだったんです。お店の方に聞いたら、ディズニーシーのこの店に行けばまだあると案内されたんですが、ミニーの限定ぬいぐるみはありますか？」

どうやら、ランドとシーを行き来できる共通パスポートを使って、ディズニーランドからシーまでかなり距離があるのにわざわざ来てくださったようです。よっぽど、その限定ミニーちゃんのぬいぐるみを楽しみにしてくださったのでしょう。

しかし、残念ながら、その商品はこの店でもすでに売り切れていました。

でも、女性は「ここに行けばある」と案内されて来てくださっています。もしかしたら、どこかの店に一つぐらい在庫が残っているかもしれない。わずかな望みを託し、

「少々お待ちください。確認して参ります」

とお伝えし、商品管理室に向かいました。上司に確認をとりましたが、やはりすべてのショップで売り切れ、在庫もないとのこと。

私は上司に何度も事情を説明しました。

「ランドの店で、ここに行けばあると聞いて、わざわざ来てくださっているんです。なんとかなりませんか?」

と食い下がりましたが数が限られている商品……。上司も手を尽くして探してくれたものの、やっぱり一つ残らず売り切れてしまっていました。

私は申し訳ない気持ちでいっぱいになりながら、正直にお伝えするしかないと意を決して、女性に状況をお伝えしました。

「せっかく遠くから足を運んでいただいたのに、本当に申し訳ありません……。どのショップでも売り切れていて、在庫も確認いたしましたがやはりありませんでした。期待をもたせるようなことをお伝えしてしまい、本当に申し訳ありません」

とお伝えし、深々と頭を下げると、

「いえいえ。あなたが悪いわけではないのだから」

と、女性はやさしくおっしゃってくださいました。そのやさしさに、かえっていたたまれなくなってしまい、

「きちんと正しい情報をお伝えしなかった私たちの責任です。本当に申し訳ありません」

再度、お詫び申し上げました。

その女性の方は、とても良心的で、一度も私たちをとがめるようなことはおっしゃいませんでした。

ただ、何か理由があったのか、どうしてもその商品を必要とされていたようで、「それでも、なんとか……」とのことだったのですが、結局、彼女の希望をかなえて差し上げることはできませんでした。

「とっても残念ですが、どうしても手に入らないのでしたら、ミッキーだけ持っていても仕方がないので、返品させてもらえますか？」

何度かのやりとりの後、女性から申し出がありました。

私には、返品可能かどうかを判断する権限はありませんから、それもまた上司に聞き直さなければいけません。これまでも何度も上司のもとを行ったり来たりして、長時間待たせてしまっていたので、もうこれ以上はご迷惑をおかけしたくないと思いました。

女性はホテル・ミラコスタに宿泊しているので、ホテル内の売店を見て、そこにもなければ、その場で返品したいとおっしゃいます。

「わかりました。ミラコスタのショップにはこちらからその旨をお伝えし、返品が可能なようにしておきます。ご希望に添えず、本当に申し訳ありませんでした」

そう伝えるのが精一杯でした。

お客様を送り出してからも「どうされただろうか」と気になりながら、仕事をしていたところ、数時間後、ミラコスタのキャストからショップに電話が入りました。

「ミニーちゃんのぬいぐるみが売り切れだったので、返品されるだろうなと思って対応しようとしたのですが、お客様は返品されず、ミッキーだけをお持ち帰りになりましたよ。

その方は、『エンポーリオで対応してくださった店員さんが一生懸命親身になって探してくれたので、ミッキーだけでも思い出に持ち帰ることにします』とおっしゃっていました!!」

お客様のご希望はかなえることができませんでしたが、お客様の思い出となれたことがとてもうれしく、これからも思い出づくりのお手伝いに励もう、そう決意した出来事でした。

by 元ショップキャスト

の場所ですと3時15分頃から始まって、見終わるのがだいたい3時45分ぐらいになります」などとお伝えすると、お客様はその後の予定まで考えることができるので、より親切なものとなります。


ただし、ここまではお客様の質問に対して答えているだけ。言うなれば、当たり前のサービスです。

ディズニーランドのキャストが目指すのは、その先のサービスです。


では、どうすればいいか。

たとえば、質問をしてきたゲストの方の好みを観察するのも1つです。

お客様が身につけているもの、小物や帽子などをよく見ると、好みが見えてきます。

プーさんのキャラクターを多く身につけているのに気がついたら、ちょっと質問してみます。


「お客様はプーさんが好きなのですか？」

「ハイ、大好きです♥」

「もう、園内ではプーさんに会いました？」

「それが、まだなんですよぉ～」

「だったら、パレードにも出てきますよ‼　ただ、この場所だとあんまりコッチを向いてくれないので、必ずプーさんが向いてくれる場所、ご案内しましょうか？」

「えぇ～っ⁉　お願いします！」


お客様はパレードを見ることができる時間を知りたくて、キャストであるあなたに質問したのに、その答えを教えてもらっただけでなく、大好きなキャラクターがよく見える場所まで知ることができた。

相手の期待を超えたサービスになるわけです。

114ページへ ←

LESSON 2

本当のサービスリカバリー「3時のパレードは何時ですか？」

突然ですが、ここで質問です。

読者のみなさんが、ディズニーランドのキャストだったとしたら、お客様からの次の質問にどう答えますか？


「すみません。3時のパレードは何時ですか？」


「『3時』と自分で言っているのに……？」と疑問に思った人もいるかもしれませんね。

でもこの質問、本当に多いんです。

このとき「3時のパレードは3時からですよ」って答えるのはＮＧですよね。


お客様は、自分の聴きたいことを正確におっしゃってくださるわけではありません。

なので、私たちは想像力を働かせなくてはいけません。

3時のパレードが3時にスタートすることはお客様も知っているわけですから、「3時です」と答えても、お客様が望む答えではありません。


お客様がわざわざキャストに聞いてくるということは、パレードを見たいから。つまり、『3時のパレードは“ここ”に何時に来るんですか？』という意味なのです。


したがって、私たちが答えるべきは「3時のパレードはお化け屋敷の横をスタートし、こういうルートを通ってくるので、こちらに到着するのは3時15分ぐらいになります」が正解です。

所要時間を入れて「約30分ぐらいのパレードですから、こ

相手の想いに寄り添い、行動する——。
これは、ディズニーランドだけではなく、日常においてもできます。

会議資料用のコピーを取るという仕事があります。これは誰にでもできる当たり前の作業かもしれません。でも、「こんなの誰がやっても同じじゃん」などと考えず、相手の気持ちに寄り添って、そのうえで何ができるかを考えてみましょう。

「この後の会議で使う大事な資料だよなぁ。だったら見やすいように、ホッチキスはコッチに止めてみよう」「片面じゃなく、両面印刷のほうが持ち帰るときに荷物にならないかなぁ」「今日は乾燥しているから、資料と一緒にのど飴もつけようかな」など……。
相手の気持ちに寄り添って考えてみると、できることが見えてきます。
常に高いゴールを目指し、行動することで、相手の期待を超えることができたとき、誰にでもできる作業が仕事に変わり、「あなたに頼んでよかった」「また頼みたい」となるのです。

STORY 5は、ソフトクリームを落としてしまった男の子に新しいソフトクリームを用意するだけではなく、ホウキでミッキーの似顔絵を描いたお話でした。
新しいソフトクリームを渡すのが大切なのではなく、男の子の落ち込んだ気持ちを考え、元気にしたいと似顔絵を描いた、その想いこそが、ウォルト・ディズニーが求めていたゲストの期待を超えるおもてなし、本物のサービスリカバリーなのです。だからこそ、男の子だけでなく、みんなの心を温かくできたのです。

では引き続き、ＯＢ・ＯＧたちの心温まるエピソードをお楽しみください‼

Story 14

真夜中のディズニーランド

ディズニーランドでは閉園してから、翌日のオープンまで園内の隅々を清掃しています。

ゲストがいらっしゃる状態ではできない、アトラクションの乗り物やベンチなどを、それこそ目に見えない裏側まで磨き上げ、すべての地面を水で洗い流してごみ一つ落ちていない状態に仕上げるのです。

初めてその説明を聞いたときは、心の底からありえないと思いました。

パーク面積は何十万坪もあります。東京ドーム約十一個分に相当する広さの地面を全部、洗い流すとなると、大量の水を使いますし、その作業を行う人も大勢必要になります。莫大なお金が毎晩かかることは間違いありません。

そんなの、経営的にも非効率すぎる、そう思ったからです。

ところが、出勤初日に目にした光景は、まさしく説明されたとおりのものでした。

夜出勤すると、大勢のキャストが勢ぞろいしており、ゲストがいなくなったと確認が取れると同時に、作業をスタート。徹底して、地面も、アトラクションも、ベンチも、看板も磨き上げていました。

「どうしてそこまでするんですか？」

と、トレーナーに尋ねると、彼は笑顔で、迷いなく答えました。

『すべてはゲストのために‼』だからね」

そして、徹底して清掃し、キレイにする意味について話してくれたのでした。

「パークの内の床を毎日すべて洗い流す。これはね、『毎日グランドオープンの状態に戻す』ってことなんだ。赤ちゃんがハイハイしても大丈夫なぐらいにね」

「えぇ〜」

「ここは屋外で屋根がないでしょう。地面をよく見ると、小石や砂利が落ちている。もちろん営業中もお掃除はするけど、僕らの持っている道具のメインは、ホウキとチリトリ。これで取れるゴミはいいけど、取れないようなものは、そのままになってしまう。

ディズニーランドに来てくださるゲストの中には、赤ちゃんを連れてこられる方も多いよね。その赤ちゃんが何かの拍子にパークの床でハイハイしてしまったら、その小さな小石や砂利《じゃり》で手をケガしてしまうかもしれない。それがたとえ、スリ傷程度で、すぐに治ったとしても、ディズニーランドでケガをしたという思い出は消えない。

ディズニーランドは最高の思い出を作っていただく場所。だから毎日、徹底的に水で洗い流すんだよ」

「でも、グランドオープンの状態にというのは、さすがにムリなんじゃないですか？」

「うん、たしかに清掃でグランドオープンの状態に戻すことは難しいよね。でもね、これはできるかどうかじゃないんだ。〝やるか、やらないか〟なんだよ」

「……」

「ゲストはここに来るために、いろいろ調べるでしょう？　僕らが旅行に行くときだって、雑誌や本を見て、載っている写真の風景を求めて向かうじゃない。

でもさ、そこに載っている写真はどれもタイムリーなものではないよね。みんな過去に撮った写真だ。だけど、ゲストはその写真を信じて来てくれる。なのに実際目の当たりにした風景がまったく違うものだったとしたら……？　ゲストの期待を裏切らないためにも、僕たちの基準は毎日グランドオープンの状態に戻すことなんだよ」

ディズニーランドのゲストサービスへのこだわりのスゴさに、ただただ感嘆するばかりでした。

それから三カ月。

この頃、僕の担当はキャッスルカルーセル（白馬のメリーゴーランド）で、ゲストが木馬にまたがった時に捕まる真鍮《しんちゅう》の棒を、上から下まで薬剤を使ってピカピカに磨きあげていくというものでした。

木馬は全部で九〇頭、棒の数も九〇本。

真っ暗な中、一人でひたすら棒を磨きながら、僕は、孤独を感じ、ふと、こんなことを毎日繰り返して本当に意味があるのか？　棒の上のほうなんか、ゲストが見上げなければわからないわけで、脚立《きゃたつ》に乗ってここまで磨く意味なんてないんじゃないか、そんなふうに考えることが多くなってきました。

おそらく、仕事に慣れてきたことによるマンネリもあったのでしょう。

ちょうどそんな時、研修の一環で、一カ月間、昼間のセクションで仕事をすることになったのです。

夜の清掃と違って、直接ゲストと触れ合う仕事は、とても楽しく刺激的でした。

昼間の勤務に移って間もない頃、キャッスルカルーセルの前を清掃していると、年配のご夫婦に、木馬の前で写真を撮ってほしいと頼まれました。

楽しそうな笑顔のお二人を撮影し、カメラをお返しすると、

「こんなにキラキラした回転木馬は初めて。本当にここは夢の国なのね。年甲斐もなく、木馬に揺られてみたいと思ってしまったわ」

と奥様。さらにご主人も、こうおっしゃってくださいました。

「実は、私たちは古希《こき》を迎えたばかりなんです。お祝いにどこかへ行こうと言ったら、妻がまだ行ったことのないディズニーランドがいいと。

正直、この歳になってディズニーランドなんて恥ずかしくていやだなと思ったんだけど、園内はとてもキレイだし、スタッフさんは親切だし、来てよかったですよ」

お二人の心からの言葉と笑顔に、自分の仕事の意義、そして、トレーナーから教わった「すべてはゲストのために」という言葉の本当の意味が理解できました。

今でもこのご夫婦の言葉は、私の活力となっています。

by 元ナイトカストーディアルキャスト

Story
15

今日は何の日?

私たち夫婦は、二人ともディズニーランドが大好きです。

住まいは関西ですが、週末を利用して年に何度も出かけています。

「今年の誕生日はディズニーランドで過ごしたい」

という私の希望で、平日でしたがお互いに有給休暇をとり、あらかじめ購入していた「バースデーパスポート」を利用し、夜はディズニーアンバサダーホテルを予約し、初めて誕生日に訪れることにしました。


いつ訪れても、新鮮な楽しさと幸せな気持ちを分けてもらえる大切な場所――。

私にとってディズニーランドは、そんな特別な場所でした。

だからこそ、誕生日をここで過ごしてみたかったのです。


期待で胸を膨らませながらディズニーランドのエントランスへ向かうと、

「お誕生日、おめでとうございます」

胸元に貼ったバースデーシールに気づいたキャストの方に、さっそくお祝いの言葉をいただきました。

その後も、次から次へとたくさんのキャストの方が声をかけてくれたり、キャラクターたちが駆け寄って来て祝福のパフォーマンスをしてくれたり、と盛りだくさん。ピーターパンは一緒に写真を撮るときに、「ハッピーバースデー」と言いながら、私に帽子をかぶせてくれました。

こんなにも「誕生日」を意識した日はないかもしれません。

プチサプライズでいっぱいの一日を満喫した私たちは、心地よい疲れと共にホテルにチェックイン。

実は、一つだけ心配ごとがありました。

それは泊まる部屋のこと。禁煙の部屋が満室だったため、極度の嫌煙家である私はずいぶん迷ったのですが、誕生日の夜はディズニーの世界のなかで過ごしたいと、泣く泣く喫煙の部屋を予約していました。

きっと、タバコのにおいが部屋にしみついているんだろうなあ……。

覚悟して部屋に入ったのですが、あれ、まったくにおわない！

まるで最初から禁煙の部屋だったかのように、クリーンな空気です。

特に、禁煙の部屋が希望だと伝えたわけではないのに……。

あまりに感動したので、案内してくれたポーターさんにそのことを伝えると、

「お客様が以前お泊まりになったときの履歴から、本当は禁煙のお部屋をご希望に違いないと判断し、通常よりも念入りに消臭と清掃をさせていただきました」とのこと。

思ってもみない心遣いにすっかりうれしくなってしまいました。おかげで気持ちよく眠れそうです。


「奥さまに留守番電話が入っています。後程ご確認ください」

そう言うと、ポーターさんは退室していきました。

留守番電話？　誰からだろう？

いぶかしく思いながら、受話器を取ると、

「ハーイ！　ミッキーだよ。

今日は何の日か知ってる？

君の誕生日だよ。おめでとう！」

なんと、ミッキーからのお祝いメッセージ！

それだけではありません。テーブルに私宛の封書が置いてあるのに気づき開けてみると、ミッキーとミニーからのメッセージ付きバースデーカードです。

「I hope you have a wonderful day and a great year. Best wishes!

お誕生日おめでとう！　これからも楽しい思い出をたくさんつくろうよ！」

ホテルからのうれしいサプライズの数々に再び感激してしまいました。

「すごいね。誕生日の特典はランドだけだと思っていたら、ホテルにもあるんだ。僕たち、まだまだディズニーの魔法にかかったまんまだね」

私よりもディズニー好きの主人も興奮しています。

思えば、彼からプロポーズをされたのも、ディズニーランドでした。

「僕はディズニーランドが昔から大好きなんだ。

ここに来ると、煩《わずら》わしいこと、イヤなこと、みんな忘れて純粋に楽しめる。僕はここで感じているような、ワクワク感のある楽しい家庭をつくっていきたいと考えているんだ……」

少年のように瞳を輝かせながら、そう言った彼が私に差し出したのは指輪でした。

たった三年前のことなのに、ずいぶん昔のように感じます。

あのとき、自分の人生のなかでこんなにうれしい出来事はない、と幸せの絶頂のような気持ちになったことをくすぐったく覚えています。

その彼が、今は夫として私の隣にいる。あのときと変わらずに、私以上にディズニーが大好きで、遊びに来ると子どものようにはしゃいでいる彼。

ベッドに腰かけ、バースデーカードをまじまじと見つめている夫の横顔を見ながら、幸せにはまだまだ奥があるのかもしれない……。

そんな贅沢《ぜいたく》な甘い気分になったのも、ディズニーマジックのせいなのでしょう。

by　ゲスト

Story
16

愛すべきおばちゃん天使

小さな頃から遊園地の園長さんになるのが夢だった私は、幸運にもディズニーランドのオープニング社員として入社しました。

意気揚々と入社した私が配属された先は、ゼネラルサービス部のカストーディアル。そこで説明された仕事の内容に、私、そして一緒に配属された仲間のほぼ全員が、言葉をなくし、下を向いてしまったのです。


カストーディアルとは、パーク内の安全と清潔を保つのがメインの清掃担当。

今でこそディズニーランドでは人気の職種ですが、今から三十年ほど前の日本では、お掃除はおじちゃんやおばちゃんたちがする仕事であって、学校を卒業したばかりの若い社員たちが行うような仕事ではなかったからです（と当時は思っていました）。

うれしくて、ワクワクして入社したはずなのに、毎日憂鬱《ゆううつ》でした。

毎朝、更衣室でそれぞれのコスチュームに着替えて研修に入るのですが、同期の仲間のコスチュームは色とりどりの華やかなものばかり。

それに対して、カストーディアルはというと、上下真っ白のシャツとパンツ……。

飾りっけのない純白のそれは、なんだかとても気恥ずかしく、誰にも見つからないように着替えていたのを覚えています。

トレーナーから、このコスチュームはパーク内のどこにいても各ランドのテーマに溶け込むうえに、ゲストにも清潔感を演出して好印象を与えられる、ディズニーのまさしくシンボルのようなものなのだという説明をいくら受けても、心はへこんだままでした。


実地訓練になってもその想いは変わりませんでした。

訓練場所は、キャスト用施設のトイレ。同期が使ったトイレをトレーニングとはいえ、実際に清掃するのは本当にこたえます。

さらに、掃除をしていると、用を足しに来た同期とも顔を合わせるわけで……。

「掃除大変だよな!!　頑張れよ!!」

などと声をかけられても「なんで俺だけが……」と後ろ向きな気持ちになるばかりでした。

訓練の中でもっともキツかったのが、浦安駅周辺の掃除です。

当時の最寄り駅だった浦安駅から四〇〇メートル離れた場所にあるディズニーラン

ド行きのバス乗り場までの商店街を清掃するのです。しかも、あの真っ白のコスチュームを着て、ホウキとチリトリを持って……。

「どうか、知り合いに会いませんように」毎日それだけを願って掃除をしていました。

「おっ、なんだ、斉藤じゃん!! ディズニーなんとかに就職したって言っていたけど、ココの清掃員だったのか～」

などとからかわれた日には退職も辞さないと、本気で考えていたのです。

そんな僕を、

「ずっとこの部署ってことにはならないからさ、取りあえず一年間はやってみようよ!! ねっ、斉藤ちゃん!! 辞めんのは、それからだってできるんだから!!」

といつも励ましてくれたのが、当時、外部協力業者でアメリカ人トレーナーたちと一緒に技術サポートをしてくれていたダスキンの社員さんです（ディズニーランドの開業に当たって数多くの専門業者の皆さんが手伝ってくれていました）。

その後も予定していたアルバイトがなかなか集まらず、結局、このダスキンさんからパートのおばちゃんたちにカストーディアルとして来ていただくことになったのですが、誰より熱心にディズニーランドを支えてくれました。

あの愛すべきパートのおばちゃんたちがいたからこそ、カストーディアルは立ち上げからオープン、そして軌道《きどう》に乗るまでやってこられたのだと思っています。

しかし、愛すべきおばちゃんたちにとっても初めてのディズニーランド。オープン間もない頃は、よくも悪くも予想のできない行動をとってくれました。

「大変です‼ 斉藤さんのところのキャストが、ピザ屋さんにゲストと混じって並んでいるって、レストランから連絡が‼」

「え～っ⁉」

（現場へ猛ダッシュ）

「トレーニングの初日に伝えたじゃないですかぁ～。オンステージにあるものはゲストのものなので、キャストは使えないってぇ～（汗）」

「そう、そうなのよねぇ～。本当にごめんなさい。この前ゲストにここのピザのこと聞かれてねぇ、まだ食べたこともないし、休憩だからいいかなって思って……。でも、いけないのよね。本当にごめんなさいね」

かと思えば、僕が困っているときにはいつも決まって声をかけてくれます。

退職者が後を絶たず、来月の勤務シフトのことで頭を抱えていたときも、

「あら、どうしたの？　土日の学生さんまた辞めちゃったのね。それは大変。ちょっと待ってて!!」

と言ったかと思うと、数分後、先ほどのおばちゃんが一枚の紙を持ってきてくれ、

「斉藤さんが大変だって聞いてね。私たちのお休みだったところで出勤できる日、みんなで書いてきたから。これで新しい人が入ってくるまで大丈夫じゃない？」

僕が大変だってことを気遣って、パートのおばちゃんたち全員が、人の足りない日に休日出勤してくれるって言うのです。

そんなことはさせられない。でも、ほかに方法はない。

結局、申し訳ないと思いながらも、そのやさしさに甘えたことも何度かありました。

極めつけは、お弁当のご案内です。

オープン当時、ディズニーランドにはお弁当の持ち込み制限があることを、なかな

か認識してもらうことができませんでした。

お弁当を広げる前なら、まだ声をかけやすいのですが、すでにお弁当を広げて食べているゲストと遭遇することも、まれにあります。

もちろんその時もしまっていただくよう、お願いしなければならないのですが、お食事中に話しかけるだけでも失礼なのに、それを片づけるようお願いするわけですから、ゲストが不快にならないわけがありません。

「恐れ入りますが、パーク内へのお弁当の持込みは、ご遠慮いただいておりまして……」

「もう食べているんだから、見逃してくれたっていいだろう」

「母ちゃんのつくった弁当、捨てろって言うのか!!」

などと、おっしゃる方も少なくありません。

しかし、そんなときもおばちゃんたちはひるむことなく、しかも持ち前のユーモアも入れながら、ゲストに対応します。

「お客さま、お食事中、本当にごめんなさい。お弁当なんですけどね、他のキャストから何かお聞きになりましたぁ?」

「何も聞いてないですけど」

「そうですか〜、それは申し訳ありませんでした。実はね、お弁当の持込みはご遠慮いただいているんですよ〜。こちらの都合で本当に申し訳ないですけども、いったんしまっていただくわけにはいかないでしょうか？」

「はぁ!? 今、食べているこの弁当を!?」

「本当に申し訳ありません。私もねぇ、息子たちのお弁当を毎日つくっているから、奥さまのお気持ちはよくわかります……。それに、今日は特別な日ですものね。きっと前々から何をつくろうか、頭を悩ませたんでしょう？」

「ええ、まぁ。家族で初めてのディズニーランドだったので、張り切ってお弁当のレシピ本をいくつも買って、つくってきたんです」

「そうだったんですねぇ。どれもおいしそうですもの〜。なのに、本当に申し訳ないのですが、お弁当は、いったんしまってもらうわけにはいかないですか？

その変わり、ちょっと私だけの秘密、お教えしますから♪」

「……秘密、ですか？」

「はい、ウエスタンランドにある『ハングリーベア・レストラン』のカレー、本格的でおいしいんですよ〜。実はね、特別な裏技があって。店内に『とんがりコーン』ってお菓子も売っているんですけど、これをね、カレーにつけて食べると、けっこうイケるのよ!! これ私のイチ押し。ぜひ試してみて。

あ、くれぐれもここだけの話ですからね〜（笑）」

それまで眉《まゆ》をつり上げ、口元をへの字に曲げて険《けわ》しい表情をしていたゲストが、ぷっ、と吹き出して、

「おばさんにはかなわないなあ。じゃあ今日は、そのカレーととんがりコーンにするか!! どうせ帰りの高速は渋滞するだろうから、ママのお弁当は、車の中で食べよう」

「そうね。面白そうだから行ってみましょう」

不快なお願いにもかかわらず、結果、笑顔で片づけ始めてくださる……、そんなおばちゃんマジックをところどころで見せてくれるのです。

毎日毎日、思いもつかない方法で、ゲストもキャストも笑顔にしてくれる、上下真っ白のコスチュームを着たおばちゃんたちは、まさにディズニーの天使でした。

カストーディアルが自社のキャストだけで回すことができるようになってからも、

たくさんのおばちゃん天使たちが、そのまま働き続けてくれました。

十年以上勤めてくださった方も少なくありません。

息子さん、娘さんがアルバイトキャストとして入社し、親子二代で働いていた方もいます。

旦那さん以外の家族全員でキャストになった強者天使も——（笑）

おばちゃん天使たちの多くは、朝から晩まで誰かのために尽くしぬく主婦の方々。

僕は、常に誰かのことを考え、誰かのために惜しみなく動く彼女たちから、本当の意味でのホスピタリティを学び、それによって成長できました。

おばちゃんたちの教えは、今でも僕の仕事の根幹になっています。

by 元カストーディアルキャスト

Story
17

夢を集める仕事

カストーディアルへ配属されて、まだ間もない頃のことです。

あっ!!

目の前で母娘連れがポップコーンを地面に落としてしまったのを発見。

私は女の子のもとに駆け寄り、急いで散らばったポップコーンを片づけ、女の子に声をかけました。

「ポップコーン残念だったね。せっかくだから、もう一度、一緒にバケツいっぱいにしに行こうか？」

「ほんと!!　ありがとう!!」

女の子はそう言うと、うれしそうに私の手を握ってきたので、私はちょっとびっくりしました。

当時の私は人と接することが得意ではなく、ましてや子どもとのコミュニケーションに自信があったわけでもなかったからです。ただ、その女の子がとても人懐《なつ》こく、愛嬌《あいきょう》のある子だったので、握ってきたその手にドキドキしながらも、近くのポップコーン売場まで、そのまま手をつないで歩いて行くことにしました。

「どこから来たの？」

「今日は何に乗ったの？」

などと質問すると元気よく答えてくれます。そんな彼女の様子に私の緊張もすっかりほぐれ、楽しく会話することができました。


「ねえねぇ、お姉ちゃんが持ってる、それって、なぁに？」

「えっ、これ？　う〜んと、トイブルームとダストパン」

「ト・イ・ブ・ル・ー・ム？」

「あっ、トイブルームっていうのはホウキのことでね、こっちのダストパンはチリトリかなぁ〜」

「ふう〜ん、でも、おうちにあるホウキと違〜う」

「そうだね。ちょっと変わっているけど、これもホウキなんだよ‼」

するとと、女の子から質問が。

「それで、お姉ちゃんはココで何をしているの？」

「えっ⁉　お姉ちゃんは……、このホウキとチリトリで、え～っと、う～んと、そう、みんなの夢をね、集めているんだ‼」

「スゴ～い！　お姉ちゃんは夢を集めてるんだぁ～。楽しそう‼」


いつもの私だったら「掃除の仕事だよ」と言ってしまうところだったでしょう。でもこの時はなんだかうれしくって、気がついたらそんな風に答えていたんです。

売り場に着き、新しいポップコーンでバケツをいっぱいにしてもらったので、「じゃあね」と別れようとすると、

「どうもありがとうございます。ディズニーランドはここまでしてくれるんですね。せっかくですから記念にこの子と一緒に写真を撮っていただけませんか？」

と、娘さんの頭をなでながら、お母さんが言ってくださいました。

えっ……。

ゲストの方から一緒に写真を撮ってほしいと言われたのは、初めてでした。

それまで、写真を撮り合っているゲストの方から、「シャッターを押してもらえませんか？」と頼まれたことは何度もあります。ですが、「写真に一緒に写ってください」なんて言われたことはありませんでした。

華やかなコスチュームのショーキャストとかならわかるものの、真っ白い清掃のコスチュームの私と写真を撮りたいと思う人など、いないだろうと思っていました。

ビックリしながらも、うれしくて元気よく答えました。

「……ハイ‼　喜んで‼」

パシャ。

「あら、いやだわ。この子ったら（笑）今日いちばんいい顔で笑ってるじゃない‼」

カメラのシャッターを押し終えたお母さんが、うれしそうに言いました。

時刻は十六時をまわっています。

たぶん、色々なアトラクションやショーを楽しんで来られたんだと思います。

そんな中、私と一緒に写真を撮った今が、その子の今日いちばんの笑顔だなんて。

そう言ってもらえたことが本当にうれしくて、やったー!! と、心の中でガッツポーズをつくってしまいました。


バイバーイ。

私は親子に手を振りながら、なんだか清々しい気持ちになっていました。


スゴイなあ。

ディズニーの魔法をかけるのが私たちキャストの役割だと思っていたのですが、実は私のほうがゲストからの魔法にかかっていたんですね♪

by 元カストーディアルキャスト

Story
18

祝！ガイドデビュー

ディズニーでは後輩を指導する際、トレーナーがトレーニングを行います。トレーナーとは、新人・後輩キャストとともに実際の仕事にあたり、マン・ツー・マンで指導する教育担当のこと。指導を受けるキャストのことは「トレーニー」と呼びます。「トレーナーは親も同然」なんて表現をする人もいるくらい、トレーニング期間中はそれこそ四六時中、ずっと行動をともにする間柄なのです。

私がシンデレラ城ミステリーツアー（詳細26ページ）のトレーナーだった際、他部署からきた彼のトレーニングを担当したときのことです。

その彼は六年間ディズニーランドで勤務した後、自ら希望してこのアトラクションに異動してきました。

私たちの仕事であるシンデレラ城ミステリーツアーのガイドは、二十ページ以上あるナレーションを覚え、約二十分間のツアー中、ゲストを盛り上げながら、流暢《りゅうちょう》にセリフを言わなければなりません。

当然、棒読みだったり、つっかえたりしないよう、しっかり頭にたたきこまなければならないうえに、演技力も必要になってきます。

トレーニング期間は四日間。

その間に、ガイドとしてゲストを楽しませること、また、ツアーの間中、ゲストが退屈したり不安になったりしていないか常に気にかけ、配慮することもできるようにならなければ、ガイドとしてはデビューできません。

トレーニングでは、ツアーガイドとしての在り方を練習するため、ナレーションは事前に各自で覚えてくる必要があります。


ところがです。

トレーニーの彼が、ナレーションを覚えてこないのです。

初日は、ほとんどの人が完璧に覚えてくることはないため、覚えるコツを教えたのですが、二日目も最初の数行がどうにかといった状態。

そして迎えたトレーニング三日目。


「じゃあ、ナレーションブックを閉じて、最初から言ってみて!!」

「みなさん、こんにちは!!　シンデレラ城ミステリーツアーへようこそ!!　……?」

昨日よりはよかったものの、完璧と言うには程遠いものでした。

理由は明確です。何度もトレーニングを経験している私たちトレーナーは、練習をしているのに覚えられないのか、練習をしていないだけなのかはすぐにわかります。

「昨日家に帰ってから、約束した最低一〇回は声に出して読む練習、してきた？」

「……いぇ……。疲れてすぐに寝ちゃったんです……。すみませんでした」

さすがに今の状態のままでは、ガイドデビューをさせることはできません。

このままでは、異例のことですが、トレーニング期間を延長するしかない、私たち二人はそういう状況に追い込まれていました。

振り返ってみると、初日は自信ありげな様子だった彼。ところが、トレーニングが進むにつれて、やる気を失っているように見えました。

ナレーション以外にも覚えることが多く、思っていたよりもうまくいかない自分に、どこかで自信を失いかけていたのだと思います。

何とかして彼に本気になってもらわなくてはいけない——。

そこで、なぜこのアトラクションで働きたいと思ったのか、動機をあらためて聞いてみることにしました。すると彼は、今までとはうって変わった表情になり、目を輝かせながら語り出しました。

「僕は六年間レイバーサービスという部署にいました。

裏方の仕事で、パークが閉園している間に、お城のお堀や川の落ち葉を拾ったり、片付けたりするので、ゲストの前にはほとんど出ることはありませんでした。そんなとき、シンデレラ城を見上げながら、『僕もいつか、あのミステリーツアーのガイドをやってみたいなぁ』って憧れていたんです……。

だから、先輩にお願いしてミステリーツアーに異動願いを出させてもらいました。

……なのに本当にすみませんでした。必ず明日までに全部言えるようにしてきます」

彼の真剣な表情から、スイッチが入ったのがわかりました。

ほんのちょっとだけあきらめかけていた私も、六年越しの彼の夢を絶対に実現させてあげたいと思い、彼にこう伝えました。

「大丈夫まだ間に合う‼

最初は下手でもかまわない。でもね、一生懸命にやらないとダメなんだよ。

どんなに下手でも伝えようとする情熱があれば、必ず相手の心に届くはず。

だから、まずは練習をしてくること。何度も何度も練習するの。

明日がトレーニングの最終日だから、今できることを一生懸命にね‼」


崖っぷちに立たされた彼が発奮してくれることを祈りながら迎えたトレーニング最後の日。

彼は、ナレーションを完璧に覚えてきていました。

私の前で、よどみなく最初から最後まですべてのセリフを話すことができたのです。

きっと彼は、昨夜から今朝にかけて必死で頑張ったのでしょう。その努力がひしひしと感じられて、思わず目頭が熱くなりました。

これなら安心してガイドとして任せられる。合格です。


ガイドデビューを果たせたキャストには、いつも「おめでとう！」の気持ちを込めて、花火を見せてあげることにしています。

彼が、レイバーサービスのキャストだった時にずっと見上げていたというシンデレラ城内のキャストしか入ることができない秘密の場所に連れて行きました。

ところが、彼は下をのぞいて、花火を待つゲストの姿を見ながら言いました。

「あの、すみません。下で観てもいいですか？　ゲストと一緒に花火を観たいんです」

「それは素敵なアイデアね。行こう、行こう！」

急いで階段を下り、私たちはシンデレラ城の外に出ました。ゲストに邪魔にならないよう腰をかがめて、花火を観ることにしました。


パン！　パン！　パン！


花火が上がり始めました。

「うわ〜、大きいな〜」

「きれーい」

ゲストから歓声が上がります。

私たちのすぐそばに、おじいちゃんとおばあちゃん、そして男の子の三人がやってきました。

「おばあちゃん、ねえ、これ夢じゃないよね？　夢じゃないよね？」

興奮しながら叫んでいる男の子の声が聞こえてきます。

その瞬間、なぜだかわかりませんが、涙があふれてきました。

たくさんのゲストがいるのに恥ずかしいと思ったのですが、胸がいっぱいになってしまって止められません。横を向くと、彼の目にも涙があふれていました。

「こんな世界で働かせてもらうことができるなんて……。僕、絶対にゲストの夢を壊さないように頑張ります!!」

彼のこの決意の言葉に、私は再び感激し、涙が止まりませんでした。

彼は、いまもディズニーの世界でゲストに夢を与え続けています。

by　元アトラクションキャスト

Story
19

「辞めさせてください」

「……辞めさせてください」


あの日、僕は憧れだった上司に勇気を振り絞り、話を切り出しました。

準社員（アルバイト）で入社してから、新人キャストや後輩を指導するトレーナーを経て、さらに責任のあるパレードリードと呼ばれるパレードの運営責任者となっていた僕は、気づけば八年間という時間をディズニーランドで過ごしていました。


思い返せば、様々なことがありました。

でも、仕事が嫌になったことは一度もありません。

むしろこの場所で働けることに、誇りも喜びも感じています。

心を込めておもてなしをしていると、ゲストから「ありがとう」と感謝されることもしばしば。一緒に数々の感動的な出来事も経験してきました。


――こんなにも人に喜んでもらったり、感謝してもらえたりする仕事はほかにはないのではないか。しかも働いている自分たちもゲストからたくさんのハピネスをもらい、働く喜びを感じることができるなんて、本当に素晴らしい職場だ——。

ディズニーランドで働くことは、いつしか僕にとって生きがいにもなっていました。

「いまよりもさらにスペシャルな夢と魔法の王国にするにはどうしたらいいだろう。自分たちに何ができるだろう」

と、仕事を終えた後、キャストみんなで居酒屋に繰り出したり、先輩の自宅に泊めてもらったりして、朝まで語り合ったこともあります。

「ここは日本一、いや世界一幸せな職場なのかもしれない」

と思いながら、この日までやって来たのです。

だからこそ、「辞めさせてください」と切り出すのは、とても勇気のいることでした。

それでも、退職を決めた理由。

それは、自分の人生を真剣に考えたからこそでした。

二十歳を過ぎて周りの仲間たちが、次々と正社員として就職していくなか、いつまでもアルバイトのままという道は選べませんでした。これからの人生、やはり結婚して、家族もつくりたい。そのため、正社員として働きたいと考えたのです。
ディズニーランドで正社員として働くことができればよかったのですが、その当時、アルバイトから正社員になるのは前例も少なく、限りなく難しい道。だからこそ正社員という生き方を望むことは、ここを辞める以外になかったのです。

「辞めてどうするんだ？」
「はい……。本当はまだこの場所で働いていたいんですが、この前、先輩から就職先を紹介されまして……。いろいろ考えると、その会社に入って頑張ろうかと」
「そうか。わかった」

ほんの一瞬の間があった後、上司が続けます。

「それなら退職手続きをしないとな。えっと、この書類のこの部分を記入して、ここにハンコね。あとは、会社から貸与されたものもあるよな、退職日までにそれを返却する準備をしておくように。あっそうだ、退職日はいつにする？　次の場所が決まっているなら早いほうがいいぞ!!　なんだったら今日だっていいぞ？」

予想していた上司の返事とはまったくの別ものでした。淡々と僕の退職手続きを進めて行く上司の姿に、僕はただ立ち尽くすしかありませんでした。

正直なことを言うと、心のどこかで「辞めたい」と言えば「もうちょっと辛抱しろ。俺がお前を社員にしてやるから!!」などと引き留めてくれるかもしれない、そんな甘い期待があったからです。

身も心も捧げて働いてきたにもかかわらず、自分の存在はただ一人のアルバイトでしかなかった——。

ショックでした。

と、同時に腹も立ちました。

表情一つ変えずに退職手続きを進める上司に、そして上司からも認めてもらえていると思い込んでいた自分自身にも。

でも、これが現実でした。

そして数日後に迎えた最後の日。

いつもと変わらず業務を終えて、最後の報告書を書き上げ、提出しにいきました。

そこにいたのは、僕が退職を申し出たあの上司です。

「お疲れ様です。業務報告書できましたんで、ここに置いておきます」

「おう、お疲れ様」

「俺……、今日……最終日なんですよ」

「……。あぁ、そうだったな。お疲れ様、今日までありがとうな」

「えっ!?　それだけ……ですか……?」

「あっ、そうそう、お前の退職なぁ、〝再雇用不可〟ってことで処理しておくから。

今後、この会社には戻れないからな!!　まぁ戻ることもないだろうけど」

再雇用不可――。

それはもう二度と、ディズニーランドで働くことはできないということです。

余りのことに黙って立っている僕に、机の上の書類に目を落としたまま上司は話し続けました。

「いいか香取、今日が最後なんかじゃないぞ。ここからがお前の本当のスタートだ‼

もう振り返るな。大丈夫、今日お前はここを無事に〝卒業〟したんだから……。

ディズニーの卒業生として胸を張って行って来い。そして思いっきりやってみろ。

今までお前と働けてよかった。ありがとう。そして……本当におめでとう。

よし、それじゃあ行って来い‼」

そう言って顔を上げた上司の瞳は真っ赤でした。


本当に再雇用不可になったのかはわかりません。

でも、あの時の言葉は、「ダメだったらまた戻ってくればいいや」なんて甘えた気持ちを一切抱かせないためのもの、本当の意味での優しさだったのだと思います。

憧れの上司に「卒業」と送り出してもらった時、僕は本当の意味で認めてもらえたと、強く感じました。

そして、次のステージでもっと飛躍する存在になれ、と背中をポンと押してくれたのだと。

あれから十数年、正社員として入った会社で働いた後、独立し、現在は本の執筆やセミナー講師をさせていただいています。

先日、当時の仲間からこんな話を聞きました。

「あの時の上司ね、お前が書いた本を大事そうにカバンに入れていたよ。お前、ホントによかったなぁ」

無器用なやり方でしたが、あのとき僕の背中を押してくれた上司に、今も感謝しています。

by　元アトラクションキャスト

Story 20

固い握手

ディズニーランドといえば、やはりパレードが大人気。

毎日、たくさんのゲストがパレードを楽しんでくださいます。

パレードルート上には、車椅子を利用される方や妊婦さん、そして座ってパレードを見るのが苦手な方が利用できる専用エリアがあります。

年間パスポートで来てくれるリピーターも多くいらっしゃり、すっかり顔なじみなんて方も少なくありません。

その中に、いつも車椅子に座っておばあちゃんと一緒に来てくれる五歳くらいの男の子がいました。

「パレードが大好きで、ミッキーを見ると瞳をキラキラさせて、ミッキーの姿を目で追って笑うんです」

と、おばあちゃんが教えてくれました。本当にパレードが大好きなようで、生まれつき難しい病気を抱えているために体を自分で動かすことが困難なのですが、それでも体調がいいときは必ずと言っていいほど通ってきてくれていました。

彼の前を通るときはいつも、

「今日も来てくれてありがとう！」

と笑顔で彼の動かない右手と握手し、

「このあいだ、ミッキーが君を見つけて喜んでいたよ。今日来てくれていること、パレードの前にミッキーに伝えておくね！」

などと他愛のない会話を交わすたびに、僕たちは親しくなっていきました。


ところがある日、いろいろなことが重なって忙しかった僕は、彼の姿を見つけたものの、急いで移動しなければならず、二人に軽く会釈して、サッとその場を通り過ぎようとしました。

またあとで、仕事が落ち着いたら声をかけにいこう、そう思っていたんです。

その瞬間。

ものすごい力で右腕を「ちょっとっ‼」とつかまれました。

びっくりして振り返ると、そこにはいつもニコニコしているおばあちゃんが、ものすごい形相で立っていました。

「あっ、こんにちは、今日も来てくださったんですね。ありがとうござ……」

と言いかけた僕を遮《さえぎ》って、おばあちゃんはとても真剣な顔でこう言ったんです。

「こんにちは、じゃないよ‼」

「えっ⁉」

「どうして今日は孫と握手してくれなかったの？」

「握手⁉」

「そうよ、孫はいつもあなたと握手をするのを楽しみにしているのよ。さっきからずっと、孫は目であなたのことを追っていたのよ‼」

「えっ俺を……」

「そう‼　あの子はあなたが声をかけてくれるのを楽しみに来ているんだから」

驚きました……。

ミッキーのようなキャラクターに握手をしてもらって喜ぶのはわかります。百歩譲って、ジャングルクルーズの船長など、人気のアトラクションのキャストとの握手もうれしいかもしれません。

でも、その時僕がやっていた仕事は、パレードで踊ったり歌ったりするダンサーやシンガーではなく、パレードが通る道を作ったり、交通整理をしたりというのがほとんど。

コスチュームだって、アトラクションやショップの人と比べたら、地味だし目立たない格好なわけで、こんな自分と握手をするのを楽しみにしているゲストがいるなんて、考えてもみなかったんです……。

僕はうれしさと申し訳ない気持ちでいっぱいになりながら、その子のもとへ走りました。

「ごめんね。せっかく来てくれたのに……。今日も来てくれてありがとう!」

そう言って、いつもしているように、動かない彼の右手を両手で包み込み、しっかり握手をしました。

そのときの、うれしそうな彼の瞳……。今も脳裏に焼きついています。

それまで自分の仕事にそんなに自信を持てずにいました。

でも、こんな自分でも必要としてくれる人がいる。

喜んでくれる人がいる。

ささやかかもしれないけど、誰かの役に立つことができるんだ!! と知ったのです。

僕はこのとき、心から自分の仕事を肯定できたような気がします。


それから数年後、僕がディズニーランドを卒業する日がやってきました。

その日は男の子とおばあちゃんだけでなく、彼のお父さん、お母さんなど、家族みんなで来てくれて、僕と一緒に写真を撮ってくれました。

そのときの写真は今も大事にアルバムに貼っています。

あれからもう二十年近く経ちます。
——必要のない仕事なんてない。必要のない人間なんていない。
たとえどんな仕事であろうと、誰かに影響を与えている。
一生懸命やったら、きっと誰かを笑顔にできるし、
誰かに元気を与えることもできるんだ——

そんな大切なことを、あの男の子とおばあちゃんに教えてもらいました。
それは今も僕の心の奥にあります。

by　元アトラクションキャスト

Story 21

これに乗りたかったんだ

小さい頃から、夢は、大好きなディズニーランドで働くことでした。

その夢を実現した僕は、アトラクションキャスト、ディズニーストアでの販売員として働いた後、大手コーヒーチェーン店での飲食の仕事を経て、「自分のテーマパーク」を創るという次の夢のために、資格も経験もない中（情熱は人一倍ありましたが）、ディズニーランドの特殊メンテナンスの仕事に就きました。

まだまだ自分一人でできることは少なく、先輩に仕事を教えてもらえないわけではないのですが、そのほとんどが先輩の補助か、作業現場に道具や機材を運ぶ手伝い。

これまでいくつもの仕事を経験してきて、初めて自信をなくしていました。


「今日も補助作業だけで、任せてもらえなかったな……」

その日もいつものように早朝出勤し、点検作業を終えたあと、作業場で工具を片づけながら情けない気持ちになっていると、先輩に呼ばれました。

「アトラクションに不具合が発生したみたいだ。

すぐに現場へ向かうぞ。お前も早く仕度しろ!!」

「ハイッ」

メンテナンスで使う工具が入った道具箱を持ち、慌《あわ》てて先輩とともに、そのアトラクションに向かいました。

ディズニーランドの園内は非日常的な夢の空間。

ですが、ディズニーランドの裏舞台は、精密なシステムによるところも少なくありません。機械と上手に付き合いながら、キャストが世界観を創り上げ、ゲストの方々に楽しんでいただくことができているというわけです。

なので、アトラクションの不具合は一大事。

すぐに復旧できる場合はまだよいのですが、故障個所の状況によっては直すのに時間がかかる場合もあります。

たくさんのゲストの間を通り抜け、故障したアトラクションに着きました。確認したところ、直すのには時間がかかりそうだとのこと。

やむをえず、このアトラクションは運行中止にせざるをえないということになりました。

アトラクションの外に目をやると、すでにたくさんのゲストが並び、列をつくっています。運行中止が決まったことで、アトラクションキャストは、これからゲストになりますよう、お願いすることになります。そのことを説明し、他のアトラクションを利用していただくよう、お願いすることになります。

せっかく楽しみに並んでくださったゲストに出ていってもらわなければならない。担当アトラクションキャストとして、どんなに悲しくつらいことか——。

私自身も経験したことがあるだけに、よくわかります。

「大変申し訳ございません。

このアトラクションはシステム調整のため、運転を一時的に見合わせることになりました。

大変ご迷惑をおかけして申し訳ございませんが、他のアトラクションをお楽しみいただけますようお願い申し上げます」

「えーっ、なんでぇ〜」

そう言いながら、深々と頭を下げ、アトラクションキャストが応対を始めました。

「マジかよ」

「超楽しみにしてたのにーっ」

などの声が上がる中、お並びいただいていたゲストには、専用のチケット（他のアトラクションで並ばずに乗れる券）をお渡ししています。


騒然としている外の状況に目を奪われていると、先輩がやって来ました。

「お前は、アトラクションキャストをやっていたことがあるからわかるだろう。あとちょっとで楽しみにしていたアトラクションに乗れるはずだったのに、かなわないことがどんなにつらいことか。

代わりのチケットをもらったからって、その気持ちは変わらない。

だから、早く修理して、元通りにするんだ。

自信がないなんて言ってらんねぇぞ‼　わかったな」

「ハイッ」

先輩の言葉で、頭や心の中のモヤモヤが消えていくのがわかりました。

私と先輩は、機械の不具合箇所の部品を素早く交換し、点検を行って、想定していたよりも短時間でアトラクションを復旧させることができました。

最終チェックも無事終え、いよいよ運転再開です。

通常運転が開始されてからも様子を確認するべく、アトラクションの入り口に向かうと、そこにはすでに運転が再開されることを知ったゲストが集まっていました。みんな、とてもうれしそうです。

通常運転再開後も問題がなかったので、事務所に引き上げようと、荷物を持ち上げたとき、列に並んでいた小学生くらいの男の子と目が合いました。

「ねぇ、おじちゃんが直してくれたの？」

答えに詰まってしまいました。

先輩に言われるがまま、ただひたすら手を動かしていただけで、自分が直したとはとても言えない……。なんて答えようかと考えあぐねていると、

「そうだよ。このおじちゃんが直してくれたんだ。だからもう大丈夫だよ!!」

先輩でした。

あまりのことに驚いて声を失ってしまった私に、男の子が笑顔で言ってくれました。

「やったぁ～!!　おじちゃん、ありがとう!!　僕、これに乗りたかったんだ！」

本当にうれしそうに、手を振りながら大きな声で――。

先輩のほうに目をやると、親指を立てて、ニカッと笑顔でハンドサインを送ってくれました。

なんだか恥ずかしくて、胸がいっぱいになってしまって、私はその子に手を振り返すのが精一杯でした。


そして、その翌日。

先輩の補助、作業現場に道具や機材を運ぶ手伝いはいつもと変わりませんが、もうそこにはモヤモヤもため息もありませんでした。

すべてがゲストの笑顔のためであり、そこにつながっていると心から信じることができたから。

あの男の子の笑顔と先輩のハンドサインが私の心の不具合を直してくれた、そう思っています。

by　元メンテナンス

ル（回転木馬）」のみとなりました。

　大の大人が回転木馬に乗るなんて、ちょっと恥ずかしいなとついつい避けてしまっていたアトラクションですが、これで完全制覇となるなら、そんなこと言っていられません。

「次回は必ずキャッスルカルーセルに乗るんだ」と決め、とても楽しみにしていたそうです。

　しかし、仕事が忙しくなってしまい、なかなか出向くことができず、だんだん彼女もあきらめモードに……。


　そんなある日、午後の予定が突然キャンセルとなり、午前中の仕事が終わり次第、あがってよいことになりました。

　明日からはまた忙しくなってしまうことはわかっています。


「だったら、行くしかないでしょ！」


　と、彼女は出先からそのまま、ディズニーランドに向かいました。

　平日の昼間ならお客さんも少ないだろうし、恥ずかしさは多少緩和されるに違いないと考えたのです。

　予想通りいつもより空いているディズニーランド内を抜けて、一目散にキャッスルカルーセルへ。

　ワクワクしながら列に並び、自分の番が来るまでの間、ガイドマップを広げて今までの復習と再確認。間違いなく、今日で完全制覇できそうです。うれしさで、ついついニンマリしてしまいます。


　そしていよいよ彼女の番に。

　意気揚々とアトラクション内に入り込もうとした瞬間、彼女の目の前が真っ暗に……。

　自分の格好にようやく気づいたのでした。

177ページへ ←

LESSON 3

ディズニーマジック「伝説の継承が新たな伝説を生み出す!!」

「ディズニーランドのキャストの方たちは、みなさん熱いハートを持っているんですね。スゴイ、感動しました!!」

などと、言われることがあります。

たしかにディズニーランドで働く先輩、仲間たちは、みな熱いハートを持っていました。でも、最初から熱いハートを持って働いていたのかというと、決してそうではありませんでした。

いや、モチベーションは低くなかったでしょう。

ただ、みなさんが感動したり、ゲストが笑顔になったりしてくださるような熱いハートを持つようになるには、何かしらのきっかけがあったのではないかと、僕は思っています。

そしておそらく、その多くが諸先輩たちが生みだしてきた伝説に触れたことではないかなと――。

ディズニーランドにアルバイトとして入社した僕自身、たくさんの伝説を聞いて、心を打たれ、そのことで仕事への取り組み方、物事の考え方、そして想いが変わっていきました。

僕が数々聞いてきた先輩方の伝説の中で、特に印象に残ったお話の１つを紹介しましょう。

東京ディズニーランドがオープンして間もない頃のお話です。

ディズニーランドが大好きで、時間ができると通ってくださっている女性ゲストがいました。

彼女は訪れるたびに、パークの隅々まで散策・堪能し、とうとう乗ったことのないアトラクションは「キャッスルカルーセ

「そんなことできません！　第一、私の靴はヒールです。そうでなかったとしても、私が足を乗せたら、お兄さんのズボンが汚れちゃうじゃないですか！」
「心配なさらないでください。私のズボンは汚れてもすぐにクリーニングできます。でも、お客様の大切な夢は、今日乗らなければかなわないじゃないですか⁉」

ＯＬの女性を一瞬にしてお姫様にしてしまうなんて、まさにディズニーマジック。
キャストの言葉に、彼女はキャストの助けを借りて馬に乗り、とても喜んで帰って行きました。
そして数日後、御礼状をディズニーランドにお寄せくださったのです。

彼女にサービスを行ったその先輩は、どうすれば目の前のお客様の夢をかなえてさしあげられるのかを考え、行動したんだそうです。

このお話を聞いて、僕もそんなふうにお客様にサービスを通して、ディズニーマジックを起こしたいと、心から素直に思いました。

伝説を聞くことで、先輩たちの功績を聞くことで、自分の行動に夢と可能性と輝きを感じることができます。
そして、この先輩のようにお客様をお姫様にするマジックを提供するにはどうすればいいか、どうしたら自ら考え行動できるようになるのかを、考えるようになります。

人が自ら行動を起こすのは、共感や感動など、心が動かされたときであり、恐怖・権力・ペナルティでは動きません。

178ページへ ←

仕事先から直接来たため、シャツにジャケットに短いタイトスカートといういでたち。この格好では、木馬にまたがることができません……。


「しょうがない、この格好で来てしまった自分が悪いのだから」

と、彼女は近くにいたキャストに声をかけました。

「すみません。私、乗らないので、ここから出してもらえますか？」

「えっ、お客様、せっかく並んだのに乗らないんですか？」

「はぃ……」

「ご気分でもすぐれないんですか？」

「いえ、気分はいいんですが……」

「どうかなさったんですか？」

「実は……、私このアトラクションに乗ったらディズニーランドの全アトラクション制覇できるって楽しみにしていたんです。だから今日、仕事が早く終わったので、うれしくてそのまま来ちゃったんですが、でもほら、この格好じゃ足も開かないし、馬にまたがれないじゃないですか……」

「そういうことだったんですね。なら大丈夫ですよ。私がご案内します」

「えっ⁉」


そう言ってそのキャストはアトラクションの中でもいちばん大きな馬の前に彼女を案内すると、なんと立膝をつき、自分の膝を差し示してこう言ったそうです。

「アトラクション制覇の最後に選ばれて光栄です。お姫様、ここに足をかけてお姫様座り（横座り）でお乗りください♪」

彼女は、思いもしなかった申し出にビックリ！

また、マニュアル通りの対応では、お客様を笑顔にすることはできません。

お客様の年齢から性別、その人の趣向に至るまで様々な背景を踏まえて、その都度、応対することで、初めて笑顔が生まれ、感動していただけるわけです。


お客様が心の中で思っていること、「こうしてくれたらいいのになぁ～」「ちょっとは気を遣ってよぉ」など、心の声に気づき、アクションを起こすからこそ、マジックになります。

それには、伝説をたくさん聞き、自分の中に取り入れておくことしかありません。

朝礼や終礼などでほんの数分、伝説を継承する時間をとって、後輩や部下の方たちに話してあげてください。どんな伝説でもかまいません。

人それぞれタイミングも、心の持ちようも違うのですから。


それでは引き続き、ＯＢ・ＯＧたちの心温まるエピソード、そしてディズニーランドの伝説をお楽しみください‼

Story 22

すごいひと

「はじめまして‼
町丸さんのトレーニングを担当する吉原と申します。
今日から三日間一緒に学んでいきますので、よろしくお願いします‼」

マン・ツー・マンのトレーニングと聞いていたので、担当トレーナーはきっとゴツイ男の人なのだろうと勝手に想像していた僕は、目の前に現れたのが女性だったことに面食らってしまいました。

いったいどうやって接していけばよいのだろうかと思いながら、挨拶を済ませ、身支度を整え、彼女の案内のもと、一緒に現場へと向かいました。

実は、ディズニーランドに入るの自体、今日が人生で二度目。

最初のオリエンテーションのパークツアーでは、営業中のパーク内を案内されたのですが、今回はまだオープンしていないパークです。

歩いている場所は同じでも、ゲストがたくさんいた数日前とは違って、様々なコスチュームの人たち（各部署のキャスト）が黙々とオープニング作業を行っている様は、やはり興味深く、吉原さんの説明を受けていながらついあちこちに目を奪われてしまいます。

「おはようございます!!」

すれ違ったキャストの方が吉原さんと僕に、元気よく挨拶をしてくれました。

吉原さんも相手に笑顔で応えます。

「おはようございます!!」

するとまた、他のキャストがすれ違いざま、

「おはようございます!!」

と元気よく挨拶をしてくれました。

最初のうちは気づかなかったのですが、どうやら、すれ違う人すべてが僕らに挨拶をしてきているようです。

やさしく、丁寧に説明してくださる吉原さんには申し訳ないのですが、途中から、説明よりも挨拶のほうが気になってしまいました。

（また向こうから人が来るぞ……。あっ、やっぱり挨拶してきた……）

そうなんです。

すでに一〇〇人近い人とすれ違っていますが、来る人来る人、みんなが挨拶をしてくるのです。


ようやく配属先であるピーターパン空の旅に到着。

結局、吉原さんに挨拶をせずに通り過ぎた人は、一人もいませんでした。それまで不思議だった挨拶の連鎖が、私のなかで確信に変わりました。

（きっとこの吉原さんは、ディズニーランドの中でいちばんえらい人なんだな。

そうじゃなきゃ、こんなに誰からも挨拶されるわけがないもんな。

こんなすごい人に教われるんだ。

だったら、頑張らないといけないよな。よし、この人を信じてついていこう!!）

そして、「自分もあんなふうにみんなから挨拶されるような存在になるぞ」と決意したのです。

あとでわかったことですが、キャスト同士の挨拶は、ディズニーの文化なのだと、最初の研修で教わっていました。

私たちキャストは家族と同じ、ディズニーファミリー。

一緒に働く仲間を見かけたら、お互い元気よく挨拶を交わしましょう!!

私は初めてのディズニーランドの光景に気をとられ、すっかりこの説明を聞き逃してしまっていたんです。

でも、あの挨拶の連鎖への驚きがあったから、当時の自分は純粋にトレーナーを信頼することができたのだと思います。

あの当時、パークで働くキャストの数は一万人ほど。

当然それだけの人がいれば、知り合いではない人のほうが圧倒的に多いはずなのに、みんな、自然に、そして笑顔で挨拶を交わしていました。

その光景は、本当に衝撃的でした。

だからこそ、自分が責任者になったときに、いちばん大切にしたのは「挨拶」でしたし、ディズニーランドを卒業した後も、新しい職場で〝挨拶〟の徹底に何度となく取り組みました。

顔見知りでないスタッフ同士であっても、家族のように普通に挨拶を交わせる、そんな雰囲気を創り出すのに苦労したこともあります。

挨拶は当たり前のことかもしれませんが、それをみんなが実践し続けることのすごさを改めて感じました。

by　元アトラクションキャスト

Story
23

冷めたラーメンと二つの丸いおむすび

その日は、朝から入場制限がかかるほど混雑していました。

パークのいちばん奥にあるイッツ・ア・スモール・ワールドの責任者であった私は、朝からノンストップでオンステージに立ち続け、やっと休憩がとれた時は、すっかり日が落ちて、あたりは薄暗くなっていました。


「うひゃ〜、腹減った〜。何にしよ〜」

「あら、今頃ごはん？　もう定食は終わっちゃったわよぉ」

従業員食堂のおばちゃんが出てきて言います。

普段から「あんたぁ、箸《はし》、忘れてんわよぉ〜」「ちゃんと下げなさーい」といった調子で、あんまり愛想がよくないことで有名なおばちゃんです。


「じゃあ、ラーメンっ!!　それからライス大盛りでっ!!」

「はいよ〜、おまちどぉ〜さん」

「いただきまーっす」

湯気のたった醤油ラーメンと、どんぶりにこんもりと盛られた白いごはん。てっぺんには梅干しが一つのっています。

さぁ、急いで食べて次の仕事に備えよう！


ピロピロピロ〜♪（呼出用のポケベルの音）

「えーっ。マジかよ〜」


責任者の私たちがポケベルで呼ばれるのは、アトラクションのシステム調整などトラブルが起きているということ。急いでアトラクションに戻らなければなりません。まだひと口も食べていない、ラーメンとライス大盛りを置いて……。

食べてしまいたい欲望をこらえ、ダッシュで戻ると、案の定、アトラクションはシステム調整が必要な状況でした。

ただでさえ、混雑していて長い時間待っていただいているゲストをこれ以上、待たせるわけにはいきません。

急いで調整にとりかかると、幸い複雑な作業はいらず、短い時間で復旧することができました。

ふぅ～。

ところがしばらくすると、入場制限も解除され、アトラクションにはたくさんのゲストが集まって、もうひと盛り上がりを見せています。

それに合わせて、私たちの仕事もフル稼働。夜のパレード、ステージショー、ゲストコントロール、清掃……。結局、食堂に戻ることなく閉園までノンストップで走り回りました。


「みなさま、東京ディズニーランドは閉園時刻となりました。

楽しい一日をお過ごしいただけましたでしょうか。

Ladies and Gentlemen……」


やがて、閉園を告げるアナウンスが流れ、めまぐるしい一日がようやく終わりました。

今日は、忙しかったなあ。

ふーう。

ゲストを見送り、アトラクション周りの点検を終えて、ようやくひと息つけました。

そして、思い出したのです。

食堂のラーメンのことを――。

「ヤベっ!! ラーメン、片づけてなかったぁぁぁ。またおばちゃんに怒られちゃうっ。ちょっと片づけてくるから、先にオフィスに戻ってて～」

駆け出しながら、仲間たちに声をかけて従業員食堂へ行くと……。

すでに営業は終わっていて、非常灯の緑の灯りがぼんやり光っています。

ちょっとした疲れも感じながら入って行くと、誰もいないテーブルの上に、食べられなかったラーメンがぽつんと残されています。

「ああ、やっぱり……」

近づくと、ラーメンの脇に小さな紙が置いてあります。

開くと、そこには走り書きがありました。

「お疲れさま。ラーメンは伸びて、うどんみたいになっちゃったよ」

あのおばちゃんだ。

よく見ると、ラーメンにはしっかりラップがかかっています。

どんぶりだったライスの大盛りは、二つのおむすびになっていました。

おおらかな丸いおむすびは、まるでおばちゃんの笑顔みたいだ。

ひと口ほおばると、人気のない食堂に、じわっと温かさが広がったような気がします。食べ始めると、忘れていた空腹感が一気によみがえってきました。

夢中で一つ食べ、二つ目にかぶりつくと、

「あっ」

おむすびには、それぞれ一つずつ梅干しが入っていました。

おむすびにしてもらっただけでもうれしいのに、梅干し、二つにおまけしてくれていたんです。

おばちゃん、ニクイことするなぁ～。

すっかり冷めて、おばちゃんの言うとおり、うどんのように伸びきったラーメンをすすりながら、鼻の奥がツンときました。

こんなバックステージでの小さなやさしさが、僕らキャストの大きな支えなのです。

by　元アトラクションキャスト

Story 24

「さわらせてください」

「君だったら大丈夫‼　きっと伝わるはずだから」

上司の言葉に、一抹の不安を感じながらも私はツアーをスタートさせました。

シンデレラ城ミステリーツアーには、人気のアトラクションだけあって様々なゲストが参加されます（詳細26ページ）。

この日、ツアーには、目の不自由な女性と付き添いの男性のお二人が参加されていました。

目の不自由な方に応対するための基礎知識は、フォロー研修でも教わっていましたが、本当に楽しんでいただけるのだろうかと不安になり、上司に相談したところ、さっきのひと言をかけられたのです。不安は消えませんでしたが、「絶対に楽しんでいただこう」と腹をくくってスタートしました。

通常ガイドは、決められたセリフに表情やジェスチャーなどを加えることでツアーを盛り上げます。でもこれはみな、目で見る効果。

そこで、視覚以外で反応できることを考え、いつも以上にセリフの言い回しや、声の強弱、トーンなど、声の表情にも気を配りました。

たとえば、いばらの森の場面は普段、「あれが、いばらの森です」と言うセリフのところを、「手前にある、私たちより大きな〝いばら〟の奥のほうに、小さなお城が見えていますが、ここがあの〝いばらの森〟なのです……」と、イメージしてもらえるように工夫したり、悪者に見つからないように静かにその場を移動するシーンは、こっそり感を印象づけるために、ゆっくりコソコソ話をしながら移動してみたりもしました。

階段を下る所では、「あと五段ですよ」「あと四歩進んで右に曲がりますね」という事前情報もお伝えしました。


ツアーも半ばを過ぎた頃、その女性の方が他のゲストと同じようにリアクションをしてくれていることに気づきました。

「なんとか伝わっているらしい」

ほんのちょっとだけ、安心し、残り十分間をより熱く演じることができました。

けれどもツアーを終えた後、ゲストを見送る私の心の中は「本当にあれでよかったのだろうか」という疑問でいっぱいでした。

ツアー中、彼女はたしかに楽しんでくれていたようでした。

でも、そう見えただけであって、本当は違ったかもしれません。


「ガイドさん、ちょっといいですか？」

声をかけられて振り向くとそこには、先ほどの目の不自由な女性のゲストがいらっしゃいました。

「はい、なんでしょうか？」

「ガイドさん、さわらせてください」

「……えっ⁉」

驚いていると、そのお客様は、私のほうに手を伸ばしながら、こうおっしゃったのです。

「ガイドさんがどんな格好をしているのか、知りたくて……」

突然のことでビックリしましたが、ガイドの私がどんな格好なのか興味を持ってくださったなんて、光栄です。
私は喜んで、彼女の手をとり、私のコスチュームを上からさわっていただきました。
「これは、頭です。顔です（笑）。
次はベストです。これスエードなんですよ。
そして、これがベルト。革のベルトなんです。ちょっと重いんですけどね。
これが足、スパッツ風のズボンを履いているんですよ。
靴はこれです。黒いブーツを履いています!!」
ひととおり、コスチュームの説明をしながら、手で触れていただきました。
「なるほど〜。ガイドさんって、そういう格好をしているんですねぇ。
なんとなく目に浮かびます。ありがとうございます!!
ねぇガイドさん、もう一つお願いがあるんですけどぉ〜」
「はい、なんですか？」

「一緒に写真を撮ってもらいたいんです‼」

「もちろんですよ‼　私のほうこそ‼」

もしかしたら、彼女はこの写真を見ることはないかもしれません。それでも一緒に
「撮ってほしい」と言ってくださった彼女の気持ちがうれしくて、とびきりの笑顔で
一緒に写真を撮りました。

写真を撮り終えた後、握手をした彼女は私に軽くほほ笑んでこう言ってくれました。

「お姉さんに会えて、いい思い出ができました♪　ありがとう‼　また来ますね」

今振り返っても、決して上手なガイドではなかったとは思います。

でも、彼女の「ありがとう」のひと言で、心からこの仕事をしていてよかったと思えた素敵な出会いでした。

by　元アトラクションキャスト

Story 25

Hi, girl!

——遊園地。

それは、私にとって幼い頃から身近な存在でした。

家の近くに大きな遊園地があり、そこに行くのが、子どもの頃、最高の楽しみだったのです。

いつしか、自分をこんなにも楽しい気持ちにさせてくれる遊園地を運営する園長さんになりたいと夢を持つようになりました。そして、高校を卒業して間もなく、ディズニーランドというアメリカの遊園地が日本にもできることを知り、開業前のオープニング社員として入社することができたのです。

入社後からオープンまでの一年間は、ひたすら研修の日々。

これまで日本になかったタイプの遊園地をつくるわけですから、当然なのかもしれませんが、何から何まで想像していた以上のディズニー流サービス精神があり、研修は驚きの連続でした。

私たち一期生を指導してくれるのは、本場アメリカで実際に勤務をしているアメリカ人トレーナーたち。通訳を通してですが、ディズニーの文化、精神、行動、考え方などから、想定されるゲスト応対のシミュレーションといった具体的なことまで、一つひとつ学んでいきました。

落し物の応対の仕方一つにしても、最初にアメリカ人トレーナーが見本を、続いてゲスト役、キャスト役に分かれてキャストがそれぞれ実演して、アメリカ人トレーナーからフィードバックを受けたり、もう一度見本を見せてもらったりして再確認しながら、練習を繰り返します。


迷子応対についても同じ。最初にトレーナーが見本を見せて、その後に、迷子役とキャスト役とになってロールプレイングを繰り返し行います。

ところが、迷子の役を大の大人がやるわけですから、恥ずかしくもあり、なかなか真剣になれません。みんな途中で笑ってしまい、「もっと真剣にやりなさい」と度々指導を受けました。

とは言え、実際オープンしたら本物の迷子が相手になるわけだし、ちゃんとできるだろうと簡単に考えていたのです。

しかし現実はそう、うまくはいきませんでした……。

いよいよグランドオープンを迎え、連日、パーク内は大勢のゲストで賑わい、私もほかのキャストも、アメリカ人のトレーナーに教えてもらったことを思い出しながら必死に仕事をしていました。

そんなある日、同じように夢中で仕事をしていると、遠くのほうから子どもの大きな泣き声が聞こえてきました。

目をやると、近くを掃除していたほかの同僚と目が合いました。どうやら彼の耳にも聞こえたようです。

すぐさま迷子だと気づいた私は、大泣きしている子どものところへ駆けつけようとしたのですが、緊張で足が動きません。周りを見ると、さっき目の合った同僚も私と同じように躊躇しているようです。

実はこの子、私たちが初めて出会った本当の迷子。

ビックリさせないよう自然に近づき、膝をついて迷子と目線を合わせ、保護しながら必要な情報を聞き出す――。

研修で習ったとおりに動かなければと思えば思うほど、足が止まって動きません。

「このまま自分が行って、もっと泣き出したらどうしよう……。周りのゲストも見てるしなぁ……。うわぁ、なんか嗚咽みたいになってきたぞ。どうしよう」

その時でした。

号泣している子どもに向かって、私たちと同じコスチュームを着た一人のキャストがさっそうと近づいて行ったのです。

「誰だ？」

と思って見ると、それは僕たちを教えてくれていたあのアメリカ人トレーナー。肌の色も髪の色も違ううえに、日本語は一切しゃべることができません。トレーナーはいったいどうするのだろうと、周囲のゲストも、そばにいたほかの同僚も、固唾《かたず》をのんで見守っています。

彼は、私たちに教えてくれたとおり、自然に近づき、膝をつき、優しく子どもの背中をなでながら、なんと英語で話しかけました。

「Ｈｉ，ｇｉｒｌ……」

子どもがビックリしているのがわかります。

しかし、数十秒後。あんなに号泣していた子が泣きやみ、アメリカ人トレーナーと手をつないで二人で両親を探し始めたのです!!


「Papa～、Mama～」

「パパ～　ママ～　どこ～?」


その声が届いたのでしょう。

数分後、無事にお父さんとお母さんに再会することができました。

一連の出来事に驚く私に、すれ違いざま、トレーナーは軽くウィンクをして、ニコッと笑顔を向けてくれました。


彼は私たちにいつも教えてくれていました。

「サービスで大切なのは、最後は心を行動に移すことだよ」と。

そして、そのことを自らの行動で、私たちに見せてくれたのです。

どんな時でも率先垂範《そっせんすいはん》を行動で示してくれたあのトレーナーたちがいたからこそ、三十年経った今でもディズニーの文化が引き継がれているのだと思います。

by　元カストーディアルキャスト

Story
26

ディズニーランド再開！

二〇一一年三月十一日に起きた東日本大震災後、東京ディズニーリゾートは営業を見合わせることになりました。

開業以来、ゲストに夢と感動のサービスを提供し続けてきたディズニーランドが休園せざるをえなくなる――。そんな事態が起きるとは、想像もできませんでした。

東京ディズニーリゾートがある浦安市は、震災の影響で地盤沈下、液状化、断水、計画停電がありました。

最寄り駅であるＪＲ舞浜駅の周辺は、地盤沈下で道路や歩道に亀裂が入り、バス停は斜めに曲がってしまいました。液状化によって地面から出てきた泥が乾燥し、細かい砂が舞うため、マスクをして生活しなくてはならない状態に。

地域によっては家ごと傾いてしまったところもあり、何日も風呂に入れず、歯も磨けずと精神的にも厳しい状況に、夢の世界とは程遠くただただ目の前に起こった現実に、言葉を失うばかりでした。

浦安市の中でも被害の少なかった地域に住んでいた我が家では、水の出ない家の友人が風呂に入りに来たり、水を汲みに来たりという生活が数週間続きました。

これだけの未曾有《みぞう》の出来事が起きてしまったのだから、ディズニーリゾートの年内再開は難しいのではないか。そんな声も聞こえてきましたが、それでもやっぱり早く再開してほしい……と、私は心のどこかで願っていました。

震災から約一カ月が経過した頃、東京ディズニーリゾートのオフィシャルサイトに変化がありました。運営の情報が更新され、四月十五日に、短い営業時間にはなるものの、営業を再開するとのメッセージが!!

四月十五日——。

この日は東京ディズニーランドが開業した日（一九八三年）で、ディズニーファンの私にとって大切な日でした。

再開当日、私は開園一時間前に東京ディズニーランドのエントランスに到着しました。入園ゲートには、すでにたくさんのゲストが列をなしていました。その列に加わり待っていると、開園十五分前、あの震災前と変わらない光景が目の前に現れました!!

ミッキー、ミニーをはじめ、ディズニーのキャラクターたちが、開園を待っているゲストのところへ挨拶をしに来たのです。


「ミッキー！」

「ミニー!!」

ゲストたちから歓声があがり、拍手も聞こえてきます。

カメラで撮影しながら涙を流す人、お友達同士でお互いに手を握ってキャラクターとの再会を喜ぶ女の子たち。

「やっと会えた――」

入園を待っている誰もが、一つになったように感じた瞬間でした。


八時ジャスト。

すべての入園ゲートが開き、園内へ。

働いている時も、辞めてからも、何度も何度も訪れたディズニーランド。

ところが、そこにはいつもと違う光景がありました。

ワールドバザール（ゲートの前に広がっているお土産屋さんのエリア）の通路の両サイドに、ここで働いている大勢のキャストさんがズラリと並んで温かく手を振り、ほほ笑みながら、私たちゲストを迎えてくれていたのです。

ゲストとの再会を喜び、うれしそうに満面の笑みを浮かべているキャストさんもいれば、「ただいま!!」のゲストの声に「お帰りなさい」と答えるキャストさんもいます。中には涙を浮かべているキャストさんも。

その心からのやさしい笑顔に私の心も熱くなり、手を振り返しながら、思わず涙してしまいました。

来園されたお客様の中には、私と同じように一日でも早く、ディズニーランドの再オープンを心待ちにしていた人たちも多くいたのだと思います。

園内は照明こそ節電で控えめではあったものの、震度五強という大地震があったことを微塵《みじん》も感じさせない景色が広がっていました。以前と変わらぬ笑顔で迎えてくれるキャストさんたちに、大勢の人が救われたのではないでしょうか。

あの三月十一日から、時が止まったかのように暗かった日々が少しずつ色を取り戻していった、そんな気持ちでした。

その年の夏は、たくさんのゲストが東京ディズニーリゾートへ来園し、夏のイベント期間中においては過去最高の入場になったとニュースで知りました。

あれから二年、二〇一三年四月十五日に、東京ディズニーランドは開園三十周年を迎えます。

僕たちを育ててくれ、多くの人を楽しませてくれるディズニーランド。僕はこの場所で働けたことを誇りに思います。

by　元アトラクションキャスト

おわりに

「みなさん、こんにちは！　夢と魔法の王国、東京ディズニーランドへようこそ‼」

このセリフを初めて口にしてから早二十六年……。

十六歳の自分が（不純な動機で）アルバイトを始めたのが、この本の舞台となる夢と魔法の王国です。

人生で初めての〝仕事〟は、見るもの聞くものすべてが新鮮でした。

働くことの意味さえわからなかった自分に、働くことは難しいことではないこと、そして、ただ純粋に目の前の人が喜び、多くの人から必要とされ、認めてもらえることが、〝最幸〟の喜びなのだと教えてくれたのは、ディズニーランドで出逢った多くのゲストでした。

ゲストの笑顔に出会うたびに、こんな出来損ないのアルバイトでも誰かの役に立つことができるのだと知りました。

人は働くことで誰かと関わり、その中で本当の生きる喜びを得られるんじゃないかと思うんです。

今回、この本をつくるきっかけとなったのは、二〇一一年三月十一日に起きた、東日本大震災でした。

様々な出版社から以前より本の企画をいただいていたものの、〝何のため〟に本をつくるのか、僕の中では、その理由が見つかりませんでした。

でも、あの大震災をきっかけに知り合った東北の仲間から、災害で最愛のお父さんやお母さんを亡くしてしまった子どもたちが一五〇〇人超いること、両親を失ってしまった子どもたちが二〇〇人を超えていることを聞き、その子どもたちに何かできないだろうかと考えるようになりました。

そして、この本を出版し、印税等を夢の国のパスポートに代えて、つらい思いをした子どもたちに、自分たちを育ててくれた夢の国を体験してもらおうと思いついたのです。

そこで、できるだけ多くの子どもたちを連れていきたいと考え、過去にディズニーランドで働いたことのある仲間（卒業生）に声をかけ、あさ出版さんにご協力いただき、チャリティー本とさせていただきました。

この本で紹介した26のエピソードは、いずれもこの本をつくるにあたり、想いに共感してくれた最幸の仲間たちが胸に大切にしまっていた、とっておきの物語です。

そのどれもが、人と人との出逢いから生まれた心温かな物語。

そこに登場する彼らの姿から、「働くことは、誰かの役に立ち、誰かを元気にすることができ、誰かを笑顔にできる〝最幸の喜び〟であること」を感じてもらえたらうれしいです。

どうかたくさんの子どもたちが夢の国へ行けますように‼

東京ディズニーランド卒業生有志　代表
香取　貴信

『夢を求め続ける勇気さえあれば、すべての夢は必ず実現できる。
いつだって忘れないでほしい。
すべては一匹のネズミから始まったということを——』

By ウォルト・ディズニー

"All our dreams can come true, if we have the courage to pursue them.
I only hope that we don't lose sight of one thing
– that it was all started by a mouse"
Walt Disney

Special Thanks

本書刊行にあたり、数多くの方々にご協力いただきました。
お話いただいたすべてのエピソードをご紹介することは
できませんでしたが、本当にありがとうございました。
この場をお借りして厚く御礼申し上げます。

監修者　香取貴信・あさ出版

ディズニーランド卒業生有志のみなさん

T・Iさん
加賀屋 克美さん
柏 美香さん
斉藤 茂一さん
S・Sさん
R・Tさん
冨樫 由希子さん
野口 亜紀さん
野村 綾さん
M・Hさん
巻島 美波さん
町丸 義之さん
松井 美生さん 他(五十音順)

ゲスト・ディズニーファンのみなさん

K・Mさん
K・Mさん
M・Mさん
M・Nさん
M・Yさん
M・Yさん
N・Sさん 他（アルファベット順）

監修者紹介

香取貴信（かとり・たかのぶ）

有限会社 香取感動マネジメント代表取締役
1971 年東京生まれ。もとはヤンキー少年だったが、高校１年生のときに東京ディズニーランドでアルバイトを始め、日々の体験の中で「仕事」「教育」「サービス」の本当の意味をつかみ始める。1995 年、レジャー施設等の現場運営コンサルティングを行う㈱ SHUU 研究所に入社。ディズニーランドでの知識と経験を活かし、各地のテーマパークで「来場するすべてのゲストに笑顔と素敵な思い出を」をテーマに活動。2004 年４月に有限会社 香取感動マネジメントを設立。「感動」をキーワードに活躍の場を広げる。
著書に『社会人として大切なことはみんなディズニーランドで教わった』（こう書房）、『他の店が泣いて悔しがるサービス』（三笠書房）等がある。

著者紹介

東京ディズニーランド卒業生有志

2011 年 3 月 11 日の東日本大震災で、親を亡くした震災孤児と呼ばれる子どもたちが数多くいることを知り、何かできないかと考えた香取氏の「本を出版し、自分たちを育ててくれた東京ディズニーランドのパスポートを子どもたちに贈ろう」という呼びかけに賛同し、集まったディズニーの卒業生たち。

本書の印税はすべて、子どもたちを招待するパスポート代等として使用いたします。

ディズニーランドであった心《こころ》温《あたた》まる物語《ものがたり》　〈検印省略〉

2013年　4　月　12　日　第　1　刷発行
2023年　1　月　26　日　第　19　刷発行

監修者——香取 貴信（かとり・たかのぶ）
発行者——田賀井 弘毅

発行所——株式会社あさ出版
〒171-0022 東京都豊島区南池袋 2-9-9 第一池袋ホワイトビル 6F
電　話　03 (3983) 3225（販売）
　　　　03 (3983) 3227（編集）
F A X　03 (3983) 3226
U R L　http://www.asa21.com/
E-mail　info@asa21.com

印刷・製本（株）光邦

note　http://note.com/asapublishing/
facebook　http://www.facebook.com/asapublishing
twitter　http://twitter.com/asapublishing

ISBN978-4-86063-595-4 C0030